博物館これから

国立科学博物館長
佐々木 正峰 著

雄山閣

「博物館 これから」の出版にあたって

国立科学博物館長
佐々木　正峰

　本書は、国立科学博物館（科博）の館長として当館のメールマガジンに寄せた小文が、かなりの分量となったのを機に関係者のすすめもあり、この際、内心忸怩たるものもあるが思い切って出版することにしたものである。いずれも１０００字前後の小文で十分意を託せていないところがあるが、冊子にまとめることで、記録としての、あるいは省察としての意義もあるのではないかと考えた次第である。また、情報化社会が急速に拡大・進展する中、電子媒体では得ることのできない充足感、つまり「モノ（冊子）」としての実体や一覧性を大切にしたいという気持ち、もう少しいえばアナログへの郷愁もある。

　当館のメールマガジンは、平成１５年５月１８日に創刊して以来、毎週木曜日に発行している。その目次は、現在、「館長室から」-「エッセイ」-「お知らせ」と「エッセイ」-「上野散策」-「上野の鳥」-「お知らせ」という二つのパターンからなっており、それらを毎週交互に掲載している。「館長室から」が筆者の担当であり、平成１８年１１月から折に触れて科博を中心に科学系博物館に関わることなら、どんな話題でもアトランダムに書いてきたところである。

　社会が大きく変動する中、博物館は厳しい環境にさらされており、これに適切に対応しつつ、我が国唯一、国立の科学系博物館としての科博は研究施設・社会教育施設として、社会の知的活力を維持・発展させ、社会の文化化に寄与するべく、社会とともに成長・進化する博物館を目指してきた。そのためには先を見通した総合的なアプローチが大切であり、私たちは３Ｃ（Change,Challenge,Collaborate）の精神で活動している。

　創刊日の５月１８日は「国際博物館の日」であり、これは博物館が社会に果たす役割について広く市民にアピールするために国際博物館会議（ICOM: The International Council of Museums）が提唱し、昭和５２年（１９７７年）

に設けられている。筆者が創刊号で「科博は、これまで以上に社会に向かって意欲的な活動を展開していきます」とした所以である。絶えず社会との関わりにおいて博物館の在り方を考える必要があり、そこから博物館の活動はどうあるべきかということが自ずと明らかになってくる。このことを踏まえて、科博は具体的活動について創意工夫を重ねてきたところであり、その成果は、社会との接点において、たゆまぬ営為を重ねてきた科博の職員をはじめとする多くの関係者の努力に寄るところが大きい。「館長室から」はこのことを一貫して念頭に置いて書いてきたといってよい。

　「博物館 これから」という本書のタイトルは、社会との関わりにおいて博物館の将来は考えるべきであるとの認識に立って、博物館はこれからどうあるべきか、そのためにこれからどう活動するかを整理したもの、そして博物館は社会や人々の求めに応じてこれからますます重要な存在になるという意味に解していただければありがたい。その観点から、本書の構成を「社会とともにある博物館」「利用者のためにある博物館」「事業を新たに展開する博物館」としたところであり、社会との関係性を重視する中で、利用者の立場に立って、質の高いサービスを創る博物館というイメージを描いていただければ幸いである。博物館をめぐる状況には厳しいものがあるとはいえ、多くの関係者が「博物館 これから」を真摯に模索されており、本書がいくらかでもその際の参考となれば望外の喜びである。

　本書に収録した小文は、その書かれた時期や背景など現在とは異なっているところがあり、できる限り加除修正を施し、また新たに書いたものもあるが、いずれも文責は筆者にあることはいうまでもない。

　ふり返ってみると、小文とはいえ、今日まで続けてこられたのは、メールマガジンの編集スタッフをはじめ科博職員全員の多大な助力に負うところが大きい。また、本書がこのような形をとることができたのは、平野仁司経営管理部長、上野喜代人広報・サービス部長並びに雄山閣の久保敏明氏の力があずかって大きい。ここに記して感謝の意を表したい。

　最後に、長崎歴史文化博物館長並びに日本ミュージアム・マネージメント学会長でおられる大堀哲様から身に余る玉文を寄せていただいたことは、本書にとってまさに僥倖に恵まれたのであり、謝意の表しようもない。

「博物館 これから」のご出版に寄せて
~新時代の「博物館長像」を読む~

長崎歴史文化博物館長
日本ミュージアム・マネージメント学会長
大堀 哲

　博物館は未来を開く重要な役割を担っております。それゆえ次々に時代を先取りしていくチャレンジ精神を持ち続けなければならないと思います。しかし、つねに揺れ動く時代の中で博物館が定位置に存在し続けることが難しくなっており、ともすると挑戦意欲を失い兼ねない現状にあると思います。しかもこれまで疑問を投げかけられることなど想像さえしなかった博物館の存在意義に対して、博物館を支える社会コストの増大などから厳しい見かたをされるようになっているのは事実であります。ここにきて我が国の博物館界も、遅まきながら「ミュージアム・マネージメント」に目を向けざるを得なくなったのであります。

　このような時、佐々木正峰館長が「博物館 これから」を出版され、博物館経営の手法、マネージメントの重要性等を実践を通して具体的に示された意義は極めて大であり、今後の博物館運営に大変参考にさせていただけるものと感謝いたしております。佐々木館長は国立科学博物館（以下「科博」とさせていただきます。）づくりに当たって、「これで十分、完成だ」という"完成感覚"を排し、一瞬たりとも立ち止まることなく、斬新なアイディア、柔軟な発想のもと、時代にマッチした事業を開発し、また経営に知恵を出されてきたことが、本書から明確にうかがわれます。科博の未来を創造するために傾けられた情熱、進取の精神、チャレンジ精神、ご自身が情報発信を実践されていることなど、真摯で誠実なお人柄と合わせて、尊敬の念を一層深くいたしました。

　ところで明治１０年に教育博物館として創設された科博は、１３０年余の歴史を刻んだことになりますが、ここ３０年ぐらいの間にその充実発展につながる大きな改革が二つあったと思います。その一つは昭和５０年代末か

ら平成初期にかけての諸澤正道館長による改革であり、その第二は佐々木館長による最近6、7年間にわたる展示館改築、組織や事業全体の抜本的な見直し、そして何よりも我が国の博物館始まって以来の独立行政法人の経営形態に基づく様々な改革・実践であります。

　前者は生涯学習社会に対応した組織改革、参加体験型展示の本格的開発・実施、多彩な教育事業の開発、教育ボランティア制度の導入などに見られる開かれた博物館づくりの道筋をつけ、博物館の新しい方向性を打ち出したものとして全国から注目されました。ただし社会とのコミュニケーションがどれだけ深まったかとなると、"国立"の博物館の固いイメージを払拭するには、なお限界があったように思います。

　一方、佐々木館長ご就任後の国立科学博物館は、独立行政法人に移行して間もない時期だったとうかがっておりますが、新しい運営形態での舵取りのご苦労は想像以上でしょう。それを豊富な文教行政のご経験と卓越したご識見等によって軌道に乗せられ、多くの人々、来館者との交流にも留意されて親しまれる博物館の定着化を図られました。新館展示室を一新・充実し、ソフト面でのサービスも一大改革を実現されました。

　「社会とのかかわり」に重心をおき、科博の将来を考えていこうという佐々木館長の博物館運営の哲学が、本書全体に一貫して流れており、非常に共感させられました。博物館は社会的存在でありますし、当然周りの影響を受けて生きて変化し続けるものであります。佐々木館長が、「社会に根ざし、社会に支えられ、社会的要請に応える博物館として、社会との双方向の交流を大切にしたい」と述べられている意味をかみしめなければならないと思います。

　さらに博物館を取り巻く環境の大きな変化に伴い、「経営の採算」も佐々木館長にとっての大きな課題ではなかったでしょうか。かつて国公立の博物館では、この問題を強く意識することもなかったと思います。しかし、独立行政法人による経営にあっては、これを度外視するわけにはいかず、館長は科博の経営に「民間の発想」を導入すべく「経営委員会」を設置し、直接社会との意思疎通を図る仕組みや、モニタリングも可能にするなどの大改革を実現されました。いまや国立の博物館といえども、「採算づくでは思い切っ

た事業が出来ない、未来を切り開く仕事が不可能」、「採算など考えていたら、質の高い文化の創造は無理だ」などといった甘えが許されなくなっております。これまでの親方日の丸体質を、自ら汗をかいて脱皮していかなければならないこと、またそれは可能であることを館長が示されたことが、本書から伝わってまいります。

　その他、本書には新たな事業、感動を呼ぶ事業の創造、様々なセクターとの連携協働による事業の開発と実施など、大胆かつ先導的な改革の内容が満載されております。これからの博物館活動の推進に示唆に富んだ、或いは早速採り入れることが可能なものが少なくありません。

　博物館に限らず、どの組織でもトップのリーダーシップの重要性については言及するまでもないでしょう。組織の長には情報収集能力、戦略策定能力、先見性と判断力などの経営管理能力としてのコンセプチュアル・スキル、組織の活動の方向性を示す戦略家としての能力、職員に経営方針や指揮命令を効率的に伝える伝道師としての能力、問題解決や調停能力などのヒューマン・スキル、それに組織の中の機能別セクションにおける実際の日常業務を効率的に実行するオペレーション・スキルが求められるといわれます。これらすべてを具備することは困難ですが、本書をお読みいただけばリーダーとしての資質などについて多くのヒントが得られると確信いたします。その意味で本書は、我が国の博物館が今後どのように歩んでいったらよいのか、その方向性を論じられた「実践的博物館論」といえます。同時に新しい「博物館長像」のモデルを、ご自身の実体験・実践を通して提示されたものであり、関係者の必読書といえます。博物館の管理職はもとより、学芸員、博物館学研究者、博物館関連学会員、博物館を学ぶ学生、ボランティアなど博物館愛好者等に広く読まれることをお薦めし、ご出版のお祝いとさせていただきます。

目　次

I．社会とともにある博物館 ………………………… 1

1．運営方針を明確にする　1

- 使命を明確にする　2
- 自由度を活かし3Cの精神で運営する　3
- 政策目的の達成に寄与する　4
- ナショナルセンターの役割を果たす　5
- ナショナルセンターの活動は　7
- 過去を知り、未来を展望する　8
- 研究機能を充実する　9
- 研究開発法人として　11
- 研究と展示を統合的に展開する　12
- 博物館の魅力は研究者が創る　13
- 社会とともに成長・進化する博物館を目指す　14
- 社会との関係性を重視し負託に応える －成長・進化する博物館として－　15
- 能動的に活動し後につながる事業を創る －成長・進化する博物館として－　17
- 諸セクターと協働し新たな価値を創造する －成長・進化する博物館として－　18
- 博物館活動の国際化に対応する　19
- 多様なコミュニケーションを重視する　21
- 運営に民間の発想を取り入れる　22
- 事業の達成水準を明確にする　23
- 業績評価に主体的に取り組む　24
- 業績評価を積極的に活用する　25
- 自己評価は総合的に　27
- 来館者満足度調査を活かす　28
- 民間競争入札になじまない　29
- 施設管理運営業務を民間競争入札に　31
- 非公務員化を採用に活かす　32
- 新しい人事評価を構築する　33
- 戦略的に広報活動を展開する　34
- ブランド価値を高める　36

2. 社会や人々の変化に応える　39

- 科学を文化に　40
- 「博物館の危機をのりこえるために」から　41
- 「お客様」へと意識を変える　42
- 知識基盤社会で重要性が増す　43
- 生涯学習需要に応える　45
- 科学技術への関心を高める　46
- 新たな科学技術理解増進活動を考える　47
- 科学技術の智とは　49
- 科学リテラシーの涵養のためには　50
- 科学者技術者を活かす－日本の科学者技術者展を考える－　51
- 自然に向き合う　52
- 生物多様性の保全に寄与する　53
- 多様な観点からのアプローチを大切にする　55
- 幅広く旬の情報を発信する　56
- 子どもは理科離れ？　57
- ＰＩＳＡ２００６から　58
- 対話型の科学教育が大切　60
- 科学教育で感性を豊かに　61
- 子どもを博物館へ－博物館の達人、野依科学奨励賞－　62
- 体験活動を地域で組織化する　63
- 大人の科学知識は？　64
- 大人を博物館へ　66
- 大人の出前講座を考える　67
- 身体障害者を招待する　68
- リピーターを増やす　69
- 友の会を考える　70
- 観覧マナーを高める　71

3. 経営に努力し、社会の支援を得る　73

- 運営費は縮小の方向　74
- 最大限の経営努力をする　75
- 人件費を削減する　76
- 外部資金、自己収入増に取り組む　77
- 資金の積立てを考える　79
- 入館料を考える　80

- 入館料を工夫する　81
- リスク・マネジメントを考える　82
- 開館時間を考える　84
- 夜の博物館を楽しむ　85
- 博物館への支援を拡充したい　86
- ボランティアに期待する　88
- 教育ボランティアの専門性を活かす　89
- ボランティア活動は生涯学習　90
- 教育ボランティアを支援する　91
- 賛助会員制度を工夫する　93
- 募金箱を設置する　94

Ⅱ．利用者のためにある博物館　97

1．自発的な学習のために　97

- 展示の教育機能は　98
- 感動し、感性・好奇心を育むむ　99
- 感動を伝える　100
- 動線に従い常設展示を見る　101
- 自分流に常設展示を見る－おすすめコースなど－　102
- 展示解説によりメッセージを伝える　103
- 重要文化財を探す　105
- バックヤードを垣間見る　106
- パーソナル・ミュージアムを作ろう　107

2．連携協働のために　109

- 新しい博学連携を構築する　110
- 学習指導要領を踏まえた活動を考える　111
- 体験学習プログラムを開発し体系化する　112
- 授業に役立つ博物館を目指して　113
- 特色を活かしたキャリア教育を工夫する　115
- 子どもの博物館利用を促すプログラム　116
- 科博リエゾンを作る　117
- 科博スクールパートナーシップに期待する　118
- 大学と連携する　119
- 拡大する科博大学パートナーシップ　121

- 大学の授業で博物館を使う　122
- 大学の単位認定を要望する　123
- 大学と社会をつなぐ－大学のアウトリーチ活動の拠点として－　125
- 地域の博物館と連携する　126
- 巡回展を工夫する－ノーベル賞受賞に関連して－　127
- 産学官連携を進める　128
- 地域との連携を強めたい－国際博物館の日に－　130
- コラボ「上野の山博物館」を構想する　131
- 「うえの桜まつり」で上野の山コラボを行う　132
- 国際博物館会議（ICOM）の活動に参加する　133

３．広範な利用のために　135

- ホームページは利用者本位で　136
- ホットニュース解説を発信する　137
- メールマガジンを配信する　138
- 敢えて「milsil」を創刊する　140
- サイエンスミュージアムネット（S-Net）を運用する－Web情報検索と自然史標本資料情報検索－　141
- 未来技術遺産の保存活用のために－重要科学技術史資料の登録－　142
- 施設を積極的に活用する　143
- イベントに取り組む　144
- 音楽がよくにあう　145
- 展示物の関係者のパーティーをしよう　147

Ⅲ．事業を新たに展開する博物館　149

１．事業の価値を高める　149

- キャッチコピーは「想像力の入口」　150
- 資料の収集・保管は国際的責任　151
- ナショナルコレクションを構築する　152
- モノと情報を保存、継承する　153
- 資料のデジタル化を段階的に行う　154
- 資料のアーカイブ化を進める　156
- 社会的有用性の高い研究を行う　157
- 生物多様性HSを研究する　158
- ものづくり研究を進める　159
- 展示は楽しみつつ見る　160

- 常設展示は「人類と自然の共存をめざして」　162
- 常設展示の魅力を高める　163
- 常設展示の関連イベントを行う　164
- 常設展示に展示換えシステムを組み込む　165
- 特別展は年３回程度開催　166
- 企画展は年１０回程度開催　167
- 教育活動は生涯にわたる学習機会を創る　169
- 体験学習はいく分程度の高い活動を　170
- サイエンススクエアを創造的に　171
- ディスカバリートークが人気　172
- 「想像力の入口」であるために　173

2. 新しい事業を創る　175
- 博物館活動の拡がりに対応する　176
- 社会貢献活動を明確化する　177
- 企業のイベントを支援する　178
- 「上野学のススメ」に取り組む　179
- 上野ウォークから考える　180
- 「標本の世界」を展示する　181
- 名物展示が訴えるもの　183
- 教育活動を体系化する　184
- 科学リテラシーは豊かに生きる社会のために　185
- 科学リテラシー涵養活動を創る　187
- サイエンスコミュニケータを養成する　188
- サイエンスコミュニケータ養成を充実する　190
- アフタースクールプログラムとして展示を制作　191
- 親子のものづくりを重視する　192
- 女性研究者の増加のために　193
- 博物館実習の質を高める　195
- 小学校教員になる人のために　196
- 教員養成支援講座を開発する　198
- 教員免許状更新講習を行う　199
- 「教員のための博物館の日」を試みる　200

Ⅰ. 社会とともにある博物館

　ここでは、社会とともにある博物館として、まず、知識基盤社会における博物館の目的・役割を踏まえ、博物館運営の基本的方向性を明らかにします（1．運営方針を明確にする）。それを受けて、社会の複雑・高度化や人々の多様化等に応じた博物館活動を考えます（2．社会や人々の変化に応える）。そして、効果的・効率的な運営に努めつつ、博物館に対する社会の支援を目指します（3．経営に努力し、社会の支援を得る）。

Ⅰ－1．運営方針を明確にする

（国立科学博物館日本館正面）

使命を明確にする

　博物館の目的、役割は、博物館ごとに異なります。各博物館は、そのような自らの使命（ミッション）を明確に定め、それを達成するための計画を中・長期的な視点で作成し、活動しています。このように博物館の使命は、すべての博物館活動の策定・実施の指針であり、評価の基準となるものです。

　博物館の使命は、形式的には法令や規則等で定められています。当館の場合、博物館の目的を定めた独立行政法人国立科学博物館法第3条で定められています。自然科学及び社会教育の振興を目的とする研究施設・社会教育施設として、当館が具体的にどのような使命を負うかについては、当館自らがその形式的な使命を踏まえ、変化する社会、経済、文化状況に照らして、わかり易い言葉で作成することを期待されています。

　我が国が科学技術創造立国や環境立国等を目指していることから、当館は、政策目的の達成に寄与する独立行政法人として、実質的な使命を、「①地球や生命、科学技術に対する認識を深め、②人々が生涯を通じて、人類と自然、科学技術の望ましい関係について考える機会を提供することにより、③社会の知的活力を維持・発展させ、社会の文化化に寄与する」こととしています。

　当館は、まず、動物、植物、地学、人類学、理工学の領域からのアプローチにより、地球と生命の歴史、科学技術の歴史を標本資料を用いた実証的研究により解明し、社会的有用性の高い自然史体系、科学技術史体系を構築します。

　そして、当館は、研究の成果を踏まえ、展示や教育活動を通じて、人類が自然科学や科学技術をどう理解し、説明し、どう係わりあってきたか、係わりあっていくべきかを考えることができる場を提供します。その際、地域、国レベルから国際コミュニティまで情報ネットワークを形成し、多様な人々の生涯にわたる、変化する学習意欲に対応するよう配慮します。

　そこでは、学問的にも、また人々の見方も多様である過去、現在、未来の課題について、人々に自由な対話を可能にします。対話の相手は、展示物等を媒介としての自分自身のこともあれば、他の人々、研究者やボランティ

ア等のこともあり、対話を通して、人々が多様な視点からの柔軟な思弁を得ることを期待しています。

　当館は、①、②の活動により、知的物的資源の蓄積と人々の科学リテラシーの向上を図ります。これを通して社会の知的活力を維持・発展させるとともに、社会の文化化、すなわち科学が広く社会に受け入れられ、科学を文化として味わう気風を醸成することに寄与します。このことが当館の社会的存在意義であり、人々が博物館に行くこと、博物館を支援することの積極的な動機付けになります。

　当館は、このような使命を達成するため、自然史、科学技術史に関し、資料の収集・保存、調査研究、展示・教育活動を行っていますが、これらの活動は、不可分に結びつけられ、統合的に展開されています。

自由度を活かし3Cの精神で運営する

　独立行政法人制度は、博物館、美術館、研究機関、病院等、従来国が直接行ってきた事務事業のうち一定のものについて、国とは別の法人格を持つ法人を設立し、この法人にその事務事業を行わせることにより、より質の高いサービスの提供を目指すものです。

　この法人を独立行政法人といいます。法人が行う事務事業は、国が自ら主体となって直接に実施する必要はありませんが、「国民生活及び社会経済の安定等の公共上の見地から確実に実施されることが必要な事務及び事業」という「行政」の範疇に属する事務事業です。また、法人には、事務事業を効果的、効率的に行わせるため、「運営において、自律性、自主性を発揮する仕組み」が与えられています。特に主務大臣との関係において、法人の運営の「独立」を最大限に認めることとし、国の法人への事前関与・統制を排除して事後チェックに移行し、弾力的・効率的で透明性の高い運営を確保することに眼目を置いています。このようなことに着目して、この法人は、その属性を表わすものとして、「独立」及び「行政」という語を用い、「独立行政法人」とされています。

当館は、平成13年度に独立行政法人になりました。それ以来、当館は、具体的な事務執行における自由度の増大、業務実績についての厳しい評価という独立行政法人制度の特色を最大限に活かし、効果的、効率的な運営を行い質の高いサービスを提供することに努めています。

　私達は、ややもすれば縦割り型の発想、前例踏襲と対症療法的な対応をしがちです。それから脱却し、質の高いサービスを創っていくためには、先を見通した総合的なアプローチが大切です。これを実現するのは、3Cの精神です。Change（創造的に活動する、新しい博物館を目指す果敢な変革）、Challenge（社会の要請に応える、先を見据えた新たな課題への挑戦）、Collaborate（新たな価値を創造する、枠にとらわれない諸セクターとの連携協働）、これが3Cです。

　博物館を取り巻く状況は、厳しい財政、社会や人々の多様な要求等対応に困難を伴うものが少なくありません。このような状況は、これまでの博物館の活動を見直し、工夫し、改善するChanceでもあります。当館は、すべての職員が意識改革し、3Cの精神を共有し、一人一人が少しでもより良いサービスを求めて、館の定める方針に沿って自ら目標を設定し、その実現を目指しています。それを通して、館として質の高いサービスを提供していきます。

政策目的の達成に寄与する

　独立行政法人が行う事務事業は、国民生活及び社会経済の安定等の公共上の見地から確実に実施されることが必要な事務事業です。そこで、独立行政法人制度では、主務大臣が3年以上5年以下の期間において法人の達成すべき業務運営に関する目標を中期目標として指示し、法人が中期目標に基づきそれを達成するための計画を中期計画として作成し、主務大臣の認可を受けることになっています。中期目標は、国として独立行政法人に要求する基本的な事務事業の内容であり、そのために国が必要な財源措置を講ずることから、主務大臣が定めることとされているのです。

これに対して、国立大学法人制度では、主務大臣が、あらかじめ法人の意見を聴き、その意見に配慮して中期目標を定め、法人に示すことになっています。中期計画は、独立行政法人制度と同じです。このように国立大学法人制度は、業務運営の目標に関し大学の自主性、自律性を尊重する仕組みになっています。この点において、学問の自由にのっとった教育研究を基本的使命とする大学と、政策目的に沿った事務事業の実施を基本的使命とする独立行政法人の違いが端的に現れているといえます。

　我が国は、自然環境の激変や科学技術の急速な進展等人類を取り巻く条件が大きく変化している中で、環境立国、科学技術創造立国、ものづくり大国等を目指しています。このような政策目的を達成するため、当館の中期目標、中期計画において、生物多様性の保全、科学技術の体系化、科学リテラシーの涵養等の戦略的、具体的な事務事業が定められ、当館は、それに基づき自然史、科学技術史に関し、資料を蓄積・継承し、基礎研究を行い、人々の科学意識を醸成する活動を行っています。

　自然史研究は、地球と生命の歴史を明らかにするだけでなく、自然科学全体の発展と天然資源の保全・開発の基礎となる知識の確立のために、また、科学技術史研究は、科学技術の発展過程を解明するだけでなく、新たな科学技術の創出に役立っています。これらの成果を展示・教育活動により広く社会に還元し、人々が環境の在り方について適切に判断できるようにし、また、人々に支持される科学を築いていくことに貢献しています。

　当館は、このような事業を自ら企画・立案・実施するだけでなく、国が行う公募型の委嘱事業等についてもできる限り協力しており、政策目的の達成に寄与するという独立行政法人の責務を的確に果たすように努めています。

ナショナルセンターの役割を果たす

　当館は、独立行政法人で国とは別の法人格を持つ法人ですが、その名称は「国立科学博物館」です。国の組織の一部であった時の博物館の名称である国立科学博物館をそのまま独立行政法人の名称としています。法人名として

引き続き「国立」を冠しているのはなぜでしょうか。

　独立行政法人は、国から財産の出資を受け、それを自ら所有・管理するとともに、直接職員を雇用し、事業を実施します。そこで、科学系博物館に関する独立行政法人については、博物館を設置し、自然科学とその応用に関する調査研究、資料の収集・保管と公衆への供覧等を行い、自然科学と社会教育の振興を図ることを目的とすることとされています。

　また、独立行政法人は、公益上の見地から確実に実施されることが必要な国の事業を担うものです。そこで、国は、科学系博物館に関する独立行政法人についてもその事業の運営に必要な財源措置を講ずるなど、国として求められる責任を果たすこととされています。

　このような、科学系博物館に関する独立行政法人に対する国のかかわり方に鑑み、その名称は、「国立」科学博物館とされたのです。その意味で、国の行財政改革の一環として創設された独立行政法人として、経費の節減等効率的・効果的な運営による質の高いサービスの提供が強く求められるとはいえ、その設置する博物館の活動を通して、自然史、科学技術史に関する中核的な研究機関及び主導的な博物館としての役割が期待されること、また、その運営のため、財政面について国が責任を持つことにおいて、国の組織の一部であった時と基本的に変わりはありません。

　当館は、このような事情を改めて認識し、標本資料の収集・保管、調査研究、展示・教育活動や博物館の運営を一層充実し、自然史、科学技術史に関するナショナルセンターとしての役割をこれまでと同様に適切に果たしていくようにします。

　ところで、ナショナルセンターとしての役割は、他の博物館ではできない、あるいは実施が困難な事業、先端的・先導的な事業の開発、地元だけでなく全国各地の人々が利用できる日本全体を視野に入れた活動等を行うことですが、国際的にみて、日本を代表する博物館として活動することができ、日本人が誇りに思い、海外の博物館から高く評価される博物館であることも大事です。特に後者のためには、国や社会の支援を含め一段と努力が必要です。

ナショナルセンターの活動は

　当館は、自然史、科学技術史に関する中核的な研究機関及び主導的な博物館として、ナショナルセンターの役割を果たすことを求められています。これに応えて当館は、標本資料を体系的に収集・保管し、実証的に調査研究し、その成果を用いて展示や教育活動を行う、一連の活動のすべてにわたってナショナルセンター機能を念頭に置き、そのために特化・重点化した活動をしています。このことは、当館が行う活動のかなりのものはナショナルセンターの役割も果たしているということであり、例えば次のような活動はそれに当たります。

　標本資料の収集・保管については、日本及びアジア・西太平洋地域を視野に入れたナショナルコレクションの構築を目指しています。そのため、体系的に標本資料を収集するとともに、全国の大学、博物館等の所蔵する標本資料についてその所在情報をネットワーク化し（サイエンスミュージアムネット「S-Net」）、ナショナルコレクションを構築することにしています。

　調査研究については、地球と生命の歴史、生物と地球環境の多様性を解明し、また、科学技術の発展過程を明らかにすることに重点を置いていますが、このような研究は、大学等では必ずしも十分に行われているとはいえません。その一環として、国の施策を踏まえて数本のプロジェクト研究を継続的に行うなど社会的有用性の高い研究を行っています。

　展示については、常設展示のテーマを「人類と自然の共存をめざして」とし、地球とともに日本という視点からこの課題をとらえ、地球館は「地球生命史と人類」、日本館は「日本列島の自然と私たち」について展示しています。企画展示については、研究成果の機動的反映や現代的課題への対応等展示内容や方法について先駆的な試みを行っています。

　教育活動については、展示や標本資料を活かした独自性の強い教育活動を実施する中で、創造的・先導的なプログラムの開発を行っています。また、世代に応じて科学リテラシーを涵養する教育体系の構築、学習指導要領に応じた科学的体験学習プログラムの体系的開発等の新しい活動に他機関の協力を得ながら取り組んでいます。

日本全体を視野に入れた活動として、巡回展のほか、地域の博物館と連携しこれを支援する「科博コラボ・ミュージアム」の実施、全国の博物館職員に対する「学芸員専門研修アドバンスト・コース」の実施等があります。
　日本を代表する国際的な活動には、国際深海掘削計画で採取された微化石標本に関する国際共同利用センターとしての活動、地球規模生物多様性情報機構（GBIF）に関する日本ノードとしての役割等のほか、多くの国際シンポジウムの開催等があります。
　このような多岐にわたるナショナルセンターとしての活動は、より質の高いサービスを提供するという観点からも、今後一層強化していく必要があります。

過去を知り、未来を展望する

　当館は、自然史及び科学技術史に関し、資料を収集・保管し、調査研究し、研究の成果とそれにより価値づけられた資料により展示・教育活動を行っています。この一連の活動を通じて、人々が過去を理解し、現在を認識し、未来を展望する機会を提供しています。
　博物館には膨大な資料があり、精選された豊富な実物資料による展示が存在することが、大学や研究機関等にない特色であり、強みです。人々が過去と現在を明確に知り、それから得るものを未来に良く活かす場としての機能性を考えるとき、展示の持つわかり易さ、印象深さや楽しさ等は極めて有効です。そのため、展示は、学際的・横断的な問題意識と鳥瞰的な視野に立ち、ストーリー性があり、感性に訴えるものであることが大切です。しかも、一人一人が知識、経験等に応じて独自の考え方ができるような配慮が求められます。博物館は、人々が知的な喜びや楽しみを共有しながら、それぞれ何らかの示唆を受け、議論ができるようにすることが基本です。
　環境問題に代表されるような地球規模の課題は、全人類的に取り組まなければならない問題です。各人が地球環境の保全と人類の持続可能な社会を目指して行動することが求められています。このことを背景に、当館は、常

設展示のテーマを「人類と自然の共存をめざして」としています。各展示場には数名の教育ボランティアが常駐し、必要に応じ解説等を行っています。ただ、展示の内容をわかり易く伝える教育プログラムや展示を活用した体験的なプログラム等は十分でなく、それらの開発、蓄積、発信が課題です。

また、特別展や一部の企画展では、企画、準備、実施を進める中で、広報、講演会、グッズ開発等を同時進行させています。ただ、教育活動については、人類と自然の共存という観点から独自性の強い活動を創るなどの取り組みは不足していると思います。

このように博物館は、人々が過去、現在を知り、未来を展望できるように展示を工夫するとともに、展示が持つ意義を十分に活かし、それを更に引き出し強化する教育活動を開発し、一体的に展開することが必要であると考えています。

人類と自然の共存のような現代が直面する課題については、展示や教育活動に限らず、研究からもアプローチし、未来を考える手がかりを提示していくことが望まれます。研究者、特に自然史系の研究者は、現に直面する諸課題に対して価値判断が入るようなメッセージの発信を避ける傾向にあります。それはそれで大事な姿勢ですが、独立行政法人であり、未来を展望する役割を負う博物館の研究者としては、科学的立場が損なわれない範囲で博物館としての立場を示し、広く人々に重要な示唆を与えることが必要だと思います。

博物館は、調査研究と展示・教育活動を統合的に展開し、「展示を備えた高度な情報発信施設」として機能することが求められているといえます。

研究機能を充実する

「国立科学博物館は、自然史科学研究センターである」と言われます。当館が、我が国における自然史及び科学技術史研究の中核的な機関としての役割を果たしているからです。このことは、当館の目的を定めた法律で明らかにされています（独立行政法人国立科学博物館法第3条）。

当館は、「自然史に関する科学その他の自然科学及びその応用に関する調査及び研究」と「これらに関する資料の収集・保管及び公衆への供覧等」を行います。この前半部分が研究センターとしての機能、後半部分が博物館としての機能を示しており、これにより「自然科学及び社会教育の振興を図る」ことを目的としています。当館がこのような機能を併せ有するのは、日本学術会議の自然史科学研究センターという独立した機関の設置の要望（昭和３３年）を踏まえたものです。自然史科学研究センターをめぐっては色々な議論がありましたが、最終的には、その当時教育博物館であった当館の研究部門を格段に充実強化することになりました。それにより当館は、自然史、科学技術史に関する中核的な研究機関としての機能と主導的な博物館としての機能を併せ持つ博物館になったのです（昭和３７年）。

　当館では、現在、５研究部（動物、植物、地学、人類学、理工学）で６８名の研究者が自然史又は科学技術史について総合的で組織的な研究を行うとともに、その成果を展示や具体の教育活動として展開しています。世界の著名な博物館のように、当館も調査研究機能を充実し、そのレベルアップを図り、国内はもとより世界に向けてその成果を発信していくことが課題です。研究には、研究者個人の経常研究と分野横断型のプロジェクト研究があります。研究環境を整備し、研究意欲を高めることが大事ですが、後者については、プロジェクトとしての成果を挙げる統合的視野がもっと必要と考えられます。

　これらに応えるため、平成１９年度から各研究部の基礎的組織として、従来の研究室を廃止し、研究グループを設置しました。これは、大学等における研究機能の見直し等も勘案し、研究組織をスリム化して効率的に運営するとともに、研究動向に機動的に対応して研究のアクティビティを高めることを目的とするものです。

　当館の行う研究分野が大学等において縮小されつつある状況下において当館の担う役割は重いものがあり、今後一層研究活動の充実を図ることとしています。

研究開発法人として

　当館は、研究開発法人です。平成20年に制定された「研究開発システムの改革の推進等による研究開発能力の強化及び研究開発等の効率的推進等に関する法律」（研究開発力強化法）で、研究開発等（科学技術に関する試験、研究、開発又はその成果の普及、実用化）に係る業務と科学技術に関する啓発、知識の普及に係る業務を行う独立行政法人として、研究開発法人と定められたのです。

　この法律は、国による資源配分から研究成果の展開に至るまでの研究システム改革を行うことにより、公的研究機関、大学、民間を含めた我が国全体の研究開発力を強化し、国際競争力や国民生活の向上に寄与することを目的としています。法律には、①科学技術教育の水準向上、若年研究者等の能力の活用、人事交流の促進、国際交流の促進等、研究開発等の推進を支える基盤の強化、②資源の柔軟・弾力的な配分と効率的活用、研究者の人件費一律削減への対応等、研究開発等の効率的推進、③研究開発施設等の共用の促進、収入・物品の扱いの有効活用等、研究成果の実用化の促進等による民間の研究開発力の強化等が盛り込まれています。

　研究開発法人については、研究開発能力の強化と効率的推進に努めるものとされ、具体的には、①若年層、女性、外国人の研究者等の能力の向上を図るよう努めること、②給与について優遇措置を講ずるなど海外の卓越した研究者等の確保に努めること、③在職期間の通算等人事交流の促進に努めること、④以上の三項目等について人材活用等に関する方針を定め、公表すること、⑤事業者等からの資金の受入れ等の推進に努めること、⑥研究開発等及び研究者等の研究開発能力等の適切な評価を行うよう努めること、⑦研究開発設備、知的基盤について可能な限り研究者等の利用に供するよう努めること等が求められています。

　いずれも当然と考えられますが、独立行政法人の目的や役割はそれぞれ異なります。例えば、人材活用等に関する方針は、内閣総理大臣の定める基準に即して作成することとされていますが、自然史、科学技術史に関する調査研究と科学技術に関する啓発普及を行う当館の場合、他の研究開発法人と

同列に扱うことが難しく、当館の目的と実情に沿った対応が必要と思います。

　人件費一律削減については、任期付研究者（委託費、補助金により雇用されている研究者、運営費交付金により雇用される若年研究者）について総人件費改革の削減対象から除かれることとされており、当館においても、任期制の採用の是非を考える判断材料の一つにはなると考えています。

　いずれにしても、当館が研究開発法人に指定されたことによる法律上の要請にどう応えていくか、当館の目指す方向性に沿うように検討を行っています。

研究と展示を統合的に展開する

　当館は、資料に基づく実証的・継続的な調査研究を行うとともに、資料を展示し、教育活動を行うことにより、自然科学と社会教育の振興を図ることを目的としています。調査研究と展示・教育活動を有機的に結びつけ、館として統一性のある活動にするのは、研究者です。研究者が、調査研究の成果を、これにより価値付けられた資料とともに展示し、教育活動を行っています。調査研究成果の博物館ならではの社会への還元、普及です。

　展示は、テーマに応じて広く資料を探し、限られた資料を用いて、驚きや感動を呼び、好奇心を引き出し、知ろうとする意欲を生み、各人の求めに応じて知識が得られるものでなければなりません。このような展示を企画、実施できるのは、博物館で腕を磨き鍛えられた研究者であってはじめて可能です。研究者は、関係職員等と協力して、正確でわかり易く楽しい展示を通して、専門家と一般人とのかけ橋としての役割を果たすのです。したがって、当館の研究者には、自分の専門分野だけでなく、関連する分野等についても、展示や教育活動を行う意欲と能力、そのために必要な関係者を組織化する力量等が求められます。

　調査研究と展示との関係が最も端的に示されるのは、常設展示ですが、これが常に最新の研究成果の反映となるように工夫するのも研究者の役目です。また、企画展には、調査研究の内容、成果、今後の展開等について紹介する

ものがあり、毎年数テーマについて開催しています。その小規模なものは、パネル展示であり、大規模なものは、特別展になります。特別展には、自然科学に関係のない内容が含まれるものもありますが、これは、そのテーマを様々な観点から総合的に紹介するものであり、多様な顧客層の来館を促すためにも大事なことです。

このように調査研究と展示・教育活動が統合的に展開されてはじめて、博物館としてよく機能するのです。このことは、当館のように、中核的な研究機関としての役割と主導的な博物館としての役割を一体的に果たすことを求められる施設だけでなく、一般の博物館についても言えます。いずれの博物館にとっても、調査研究は博物館活動の基礎をなすものであり、調査研究と展示・教育活動を分離して博物館の充実を考えるようなことは、現実的ではないと思います。

博物館の魅力は研究者が創る

当館では研究者が展示を行います。来館者が資料を見たり触れたりすることにより、発見や感動、驚きを持ち、そして考え、もっと知りたい、自分もやってみたいという気持ちになることを期待して展示を作っています。博物館では資料が展示の中心であり、資料の評価についても様々な切り口があることを考えると、博物館に所属しない研究者が資料を選定し、限られた資料を用いて展示を企画しわかり易く楽しく見せるなど効果を挙げることは、大変難しいことかもしれません。このように当館の研究者は、研究成果を展示によって紹介し、その考えや情熱、感動を展示を通して示すということにおいて、展示は研究者の生の姿、その魅力をいかんなく示すものといえます。

展示に関連して当館では、PDA（携帯情報端末）を導入しています。展示の前に来ると、天井に設置された赤外線の位置情報を受け、解説の音声が聴けるもので、常設展示の解説は、ラジオアナウンサー（上柳昌彦氏）と展示を担当した研究者の対話で構成されています。研究者のここを見てほしい、わかってほしいという気持ちが利用者に直接伝わり、単なる解説を越えた魅

力となっています。

　研究者が展示場で語りかけることが人気のディスカバリートークもあります。2名の研究者が土・日曜日、祝日の午前、午後に各30分程度自由な内容、方法で行うギャラリートークです。

　研究者が自分の研究の内容、意義、今後の展望等について紹介する展示コーナー「私の研究」もあります。各研究者が展示ケース1台程度の資料とパネル1、2枚程度を用いて、手づくりで行う展示です。5名の研究者を2ヶ月交替で展示していくこととしています。ホームページにアクセスすれば「私の研究」をご覧いただけます。

　研究者は、教育活動も行います。例えば、自然観察会や自然史セミナー、サイエンスコミュニケータ養成実践講座等です。

　このような形で研究者との接触を楽しみ、その思いを感じ取ることができるのが博物館の面白さです。このように研究者一人一人の個性、魅力が博物館の魅力を創り、これが人々を科学に引きつける大きな要因になります。各研究者は、学界での評価とともに、成果を展示や教育活動を通して社会に還元することの重要性に改めて思いを致すことも必要かと思います。

社会とともに成長・進化する博物館を目指す

　当館は、平成13年度に独立行政法人になり、効果的、効率的な運営によってより良いサービスを提供することを求められています。これに応えて当館は、「社会との関係性を重視し、すべてにおいて能動的に活動する博物館」をめざしています。

　社会に根差し、社会に支えられ、社会的要請に応える、これまで以上に社会との関係性を重視する博物館です。法人化により得られたより大きな自由度を活かし、各種の事業をこの観点から行っています。社会から何を負託されているかをきちんと考え、人々が知識とともに楽しみながら地球や生命の大切さ、科学技術の重要性等を実感し、人類と自然の共存を考えるようになることが大事だと思います。

また、質の高い多様なサービスにより人々の利用を促す、すべてにおいて能動的に活動する博物館です。新しい時代に向けて諸施設が見直しを求められる中で、当館の次の姿がうかがえるような、後につながる事業を創り発信していくことがその基本です。先導的・先端的な事業の開発等もその一つであり、例えば生涯学習の視点に立って、科学リテラシー涵養のための教育体系を構築することなどです。

　このような博物館は、「社会の諸セクターと連携協働する博物館」であることが望まれます。人々の意識が多様化、高度化していくとき、連携する各施設が知恵を出し合い、経費も負担し合って豊かな活動をし、新たな価値を創造していくことです。連携先は、他の博物館や大学、企業等だけでなく、地域、若者等世代との連携協働も大切です。この活動等を通して、人々が博物館の活動に参画するとともに、日常生活において博物館をもっと身近に感じ気楽に利用してもらえるようにしたいものです。

　それらの実現に向けて博物館は、無駄を省き収入を増やすなど合理的な運営に努め、あらゆる活動の基礎となる資料や研究成果の蓄積を一段と充実することも課題です。

　当館は、これからの社会を見通し（社会との関係性の重視）、社会との新しい関係を創りつつ（能動的な活動）、より高い水準の知を実現する（積極的な連携協働）、「社会とともに成長・進化する博物館」でありたいと思います。当館の社会的存在意義は、社会の知的活力を維持・発展させるとともに、科学が広く社会に受入れられ、科学を文化として味わう気風を醸成し、社会の文化化に寄与することです。常に社会とともに成長・進化する博物館であってはじめて、当館は社会的存在意義を発揮することができると考えています。

社会との関係性を重視し負託に応える
　－成長・進化する博物館として－

　当館は、自然史及び科学技術史に関し、国立の科学博物館として、中核

的な研究機関及び主導的な博物館としての役割を有しています。当館は、これらに関する資料と資料に基づく実証的な研究を行う研究者を介して、この二つの役割を統合的に果たしています。研究者は、体系的に資料を収集・保管し、長期的、継続的に研究し、研究の成果とそれにより価値づけられた資料を用いて展示や教育活動を行うという一連のプロセスを通して、研究機関機能と博物館機能を有機的に連携させ、統合的に展開しています。

　当館は、このような活動により、地球や生命、科学技術に関し、その歴史を明らかにし、生物の多様性や技術革新について解明するとともに、人々の認識を深め、自然と人間との望ましい関係や科学技術の在り方について考える機会を提供しています。

　近年、科学技術の急速な進展等により、自然環境が激変したり、産業資料が散逸したりしています。このような時に、変化の過程を資料によって蓄積するとともに、調査研究や展示・教育活動によって地球や生命、科学技術の未来について適切な示唆を与える上で博物館の果たす役割は、ますます重要なものになっています。このことを踏まえ、当館は、社会、経済、文化状況の変化や人々の意識の多様化等に応じ、社会との関係性を一段と強化していくことにしています。持続可能な社会を実現し、豊かな人生を送るために、社会的要請と個人的要求に調和的に応えていく必要があるからです。「社会に根差し、社会に支えられ、社会的要請に応える博物館」という観点に立って各種の事務事業を行うことが肝要です。これからの社会を見通し、社会から何を負託されているかを考えて対応することです。館自体はもとより、研究者はじめ職員一人一人が、このことを常に念頭に置くことが大事です。

　資料や研究者を介して研究機関機能と博物館機能を統合的に展開するべき当館の活動が、結果的に、資料の収集・研究第一主義に偏るようなことがあってはなりません。資料の収集や研究も、利用者の立場に立った展示・教育活動も共に大切です。いわばモノ重視とヒト重視を両立させバランスのとれた博物館活動とするためにも、社会との関係性を強調する観点が必要です。

　このように社会との関係性を重視する観点から、当館は、地球と生命の歴史、科学技術の歴史を研究し、その成果を活かすように分かり易い形で発信すること、標本資料を体系的に収集し、利用者の求めに応じて活用できる

ようにすること、展示・教育活動等を通して、人々が自然や科学に目を向け、楽しく学習できるようにし、生涯を通じて科学リテラシーの向上が図れるようにすることなどを大切にしています。そのためにも、人々とのコミュニケーションを大事にしています。

能動的に活動し後につながる事業を創る
－成長・進化する博物館として－

　私達は、地球環境や持続可能な科学技術の在り方等様々な課題に直面しており、諸施設は、それに対応する見直しを迫られていると言えます。当館も、すべてにおいて能動的に活動し、新しい時代に対応する博物館像が浮かんでくるような事業を展開することが課題です。これからの社会を見通し、継続実施することができる、あるいはしなければならない、「後につながる事業」を創造し、発信することです。従来の事業も、この観点から検討し、改善工夫することです。

　そのため、社会や人々が現に求めていることだけでなく、これから必要とすると考えられることにも適切に配慮し、総合的に事業を考えていくことが大切であり、後につながる事業の実施を通して社会との新しい関係を創っていきたいと思います。これにより当館は、人々が利用したくなる、人々の利用を促す博物館として、人々が過去を理解し、現在を認識し、未来を展望することに積極的に寄与していく考えです。

　後につながる事業として、調査研究では、地球と生命、科学技術の歴史の解明を通じた社会的有用性の高い自然史体系、科学技術史体系を創ることを目指しています。例えばアジア・オセアニア地域の自然史に関するインベントリー構築等のプロジェクト研究は、その一例であり、遂次その成果を展示等により公表していきます。

　標本資料については、他の博物館や大学等と連携協力してナショナルコレクションの形成を進め、その情報を広く提供するサイエンスミュージアムネット（S‐Net）の充実を図ります。

展示・教育活動では、社会的要請はあるものの事業としての成熟度が十分とはいえない先導的・先端的な事業を開発することに力を注ぎます。サイエンスコミュニケータの養成や、生涯学習の観点から人々の科学リテラシーを涵養する教育体系の構築等がそれに当たります。また、科学関係のホットニュースに係るサイエンスコミュニケーションを重視し、ホームページ等により常設展示と関連づけてわかり易く紹介します。

　また、能動的な活動として、これまでの活動の枠にとらわれることなく、経済、社会等への直接的な社会貢献活動に意欲的に取り組んでいきます。企業等のイベントへの協力、支援や演奏会への施設貸与等、色々な活動が考えられます。

　当館のこれらの能動的な活動の状況を人々に確実に簡単に知っていただくことができるように、ホームページをはじめ情報発信機能を充実することも重要な課題です。

諸セクターと協働し新たな価値を創造する
　　−成長・進化する博物館として−

　当館は、展示や教育活動等において、マスコミ、企業、大学等との連携協働事業を積極的に行っています。事業に要する経費の負担を軽減できるだけでなく、知恵を出しあい刺激しあって、新たな魅力を作り出すことができます。また、地球環境や生命科学等社会的関心の高い分野の最新の研究成果で当館だけでは十分な対応が難しいものをわかり易く紹介するなどの取組みもできます。このように連携協働事業は、人々の意識の多様性や高度化に応えて、より豊かな博物館活動を可能とし、ブランドイメージの向上、新たな来館者の開拓や自己収入の増加等に資するものといえます。

　そのためには、連携協働する諸施設が単に人や物を持ち寄るというのではなく、１＋１が３とも４ともなるような新たな価値の創造を目的とすることが大事です。たとえば特別展等のマスコミとの共同開催は、展示の内容、方法に厚みや深さを増します。科博コラボ・ミュージアムでの地方博物館と

の事業は、その地域の自然や産業等について新たな教育活動や展示を創ります。

　近年、企業において単なるスポンサードではなく、企業理念に基づく社会貢献として、科学の普及発展を目指す活動が増えてきました。連携協働事業では、当館も連携企業も共にその目的が達成されるように工夫し、この活動がさらなる拡がりを持つようにしたいと思います。

　今後は、企業、大学等諸施設との連携協働だけでなく、地域や世代等との連携協働も充実していく必要があります。サイエンススクエアや上野学のススメ等では、地域との連携を図っていますが、中・高校生や団塊の世代との連携をどうするかは大きな課題です。中・高校生については、コンテスト等自ら創る作業により、博物館活動に参画してもらうのも一つの方法かと思います。

　このような社会の様々なセクターとの連携協働により新たな価値を創造し、より高い水準の知を実現することを通して、質の高いサービスを提供することはもちろんですが、人々が日常生活の中で当館をはじめ博物館や科学館の存在を意識し、利用していただけるようになれば、大変素晴らしいことだと考えています。

博物館活動の国際化に対応する

　当館は、国内おける中核的な研究機関及び主導的な博物館としての役割を果たし、アジア・オセアニアにおける博物館活動の中心になっています。それらの立場から当館は、国際交流や国際貢献の活動を行っています。

　第一に、海外の博物館等との交流です。

　研究者等の派遣と外国人研究者等の受入れは、科学研究費補助金等により行われています。海外での学会や国際会議等への短期派遣はかなり多く、それにあわせて現地での博物館視察等も行っています。国内での学会や国際会議等も年に数回ありますが、これを増やすことは、職員のレベルアップと拡がりにつながり組織の力を高めます。

なお、外国人の共同研究者や研修生の受入れ制度（1年以内が原則で上限は2年）もあります。人材育成等を通じて職員間の協力関係を作っていくことは大事ですが、受入れ数は極めて僅かです。

　国際シンポジウムは、年に数回開催しています。毎年分野は変わりますが、新しい知見を得るための機会となり、また、個人ベースで行われている研究を国際的通用性のあるものに高められます。

　国際共同研究については、インドネシアのボゴール植物園の熱帯雨林に関する共同研究等外国をフィールドとする研究について、関係施設や研究者と行っています。これを充実することは、国際シンポジウムと同様な意義があります。

　なお、海外の博物館等からの視察、調査、意見交換等のために来館する方は、毎年数百人に及びます。

　第二に、アジア・オセアニアの中心としての国際的活動です。

　海外の博物館等との標本資料等のネットワークの形成については、全国の博物館等の自然史標本をインターネットを利用して検索できるサイエンスミュージアムネット（S‐Net）を構築し、これを地球規模生物多様性情報機構（GBIF）の日本ノードとして国際標準の形式に変換し、海外から検索できるようにしています。

　また、国際深海掘削計画の一環として、世界5か所に設けられた国際共同利用センターの役割を果たしており、そのため、採取された微化石標本（プレパラート）の作成等の充実を図っています。

　当館の国際交流や国際貢献の現状は、特定の分野を除き国際的な結びつきがやや弱いと思われます。これは、自国の資料を中心に収集し、研究し、展示・教育活動を行う博物館の性格上やむを得ないところもあります。今後、職員個人の国際的ネットワークとともに組織として国際的な博物館ネットワークの中での存在感を高めることが必要です。そのため、GBIF等の国際プロジェクトへの対応を強化するとともに、世界やアジア・オセアニア地域のネットワーク（ICOM、ASPAC等）への職員派遣や責任あるポストの確保等に努めることが重要です。

多様なコミュニケーションを重視する

　自主的な研究グループの活動を支援する博物館は、全国的には数少ないようです。このような状況の下で、平成１９年６月に、これからの博物館の在り方に関する検討協力者会議報告「新しい時代の博物館制度の在り方について」は、「これからの博物館には、……多様化・高度化する学習者の知的欲求に応えるとともに、自主的な研究グループやボランティア活動など自己実現の場としての機能を高め、学習者とのコミュニケーションを活性化していくことが必要である」と提言しています。その意味するところは、必ずしもはっきりしませんが、新しい博物館、これからの博物館として、学習者の知的欲求に応えるコミュニケーションの活性化が提示されていることからすると、その有力な手段として、自主的な研究グループとの連携さらに支援がこれからの博物館に重要なことと指摘しているように考えられます。

　博物館においてコミュニケーションが大切であることは、いうまでもありません。博物館は、研究の成果とそれにより価値づけられた資料をわかり易く人々に伝え、知的な刺激を共有し、共に学び、楽しみを分かち合う場です。博物館がこのように機能し、その人的物的知的資源を人々の学習活動に適切に還元していくには、幅広いコミュニケーションが必要です。

　知識、情報がこれまで以上に重要になる知識基盤社会の到来を迎え、博物館の役割は増大し、博物館は、人々の学習ニーズ等に配慮しつつ、人々がこれからの社会を生きていくために必要とする学習や社会全体の知識基盤を強固にする学習等の機会の提供に更に取り組むことを求められています。その際、人々が「自己の人格を磨き、豊かな人生を送ることができるように」する生涯学習の理念が確認されたこと（教育基本法第３条）などを踏まえ、博物館は学習についての社会の要請に対応しつつ個人の要求にも調和的に応じていくことに、従来以上に配慮する必要があります。

　その実現のため博物館は、より一層幅広いコミュニケーションを行うことが望ましく、その観点から人々との対話や様々なサービスを工夫改善することが肝要です。ただそれをどのようにどの程度行うかは、各博物館の判断に委ねられるべきものであり、今後の博物館の在り方として、いわば一律に

自主的な研究グループとの対話や連携、支援を行うことが望ましいとまでいうことは、適当でないと思います。このような活動を館の重要な活動とすることがあってもいいし、関与しない館があってもいいわけです。

　当館は、広く館の目的を阻害するものでない限り、自主的な研究グループとの連携、支援を社会貢献活動に位置づけ、適宜対応していきます。現在、当館の教育ボランティアの自主的なグループ活動を支援するため、自然教育園内の観察や科学工作実習を主な内容とする勉強会を年間８日間の日程で行っています。参加者は２グループ、４０人程です。

　今後とも、色々な形で幅広いコミュニケーションを心掛け、重視していきます。

運営に民間の発想を取り入れる

　公的施設の運営に民間の発想や手法を取り入れる必要性が指摘されています。この要請にも対応して、国立大学法人は、役員会や経営協議会を置き、理事や委員に学外有識者を加え、大学運営に学外の意見を反映させたり、経営改善に資することとされています。

　これに対して、独立行政法人は、法人の運営を各法人の自主性、自律性に委ねることを基本とし、運営のための組織をどうするかについても各法人の判断に任せられています。当館は、法人運営に民間の発想や手法を取り入れるための組織として、平成１７年に経営委員会を設置しました。経営委員会は、経営委員と館長、理事で組織され、監事がオブザーバーとして参加することになっています。

　経営委員は、経営に関し広くかつ高い識見を有する外部有識者であり、現在、企業経営の経験者等５名の方にお願いしています。任期は２年で非常勤です。

　当館は、社会に根差し、社会に支えられ、社会的要請に応える博物館として、社会との双方向の交流を大切にしています。そのため、個別の専門的事項について意見を求めるアドバイザリー・グループ等を設けています。こ

れに対して、経営委員会は、直接社会との意思疎通を図る仕組みとして設置したもので、経営面に対する経営委員の直接的な関与を図ることを狙いとしています。経営に関する重要事項についての一般的あるいは具体的討議等を通して、経営委員の意見や考え方を館の運営に反映させつつ、モニタリングできるようにするとともに、館長の適切な意思決定を確保することを期待しています。また、財務や労務等についての経営委員の専門性を活かし、館の運営の改善につなげることができると考えています。一口で言えば、館の運営に民間の発想を進んで取り入れるということです。

経営委員会の設置については、評価委員会の平成１７年度業務実績評価において、「経営委員会を新たに設置し、企業経営の経験者等の外部有識者を参画させ、経営面に関して直接的に関与するシステムを自立的に構築したことは先進的である」との評価を得ました。現在、経営委員会は、お忙しい方々にご協力いただいていることもあり、２ヶ月に１回開催しています。当館の経営方針を充実、強化し、業務運営の質的向上を図る上で、経営委員会がより実質的な機能を果たすことができるようにすることが望まれます。経営委員の人数や経営委員会の会議の持ち方等について更に工夫、改善を加えていきたいと思います。

事業の達成水準を明確にする

独立行政法人は、主務大臣から中期目標（中期目標の期間において達成すべき業務運営に関する目標）を指示され、それに基づき中期計画（中期目標に掲げた目標を達成するための方策等について定めた具体的な計画）を作成し、主務大臣の認可を受け、計画に従い自主的、自律的に業務を行います。法人は、その目的・役割からブレークダウンした中期目標を達成するための手段としての中期計画を設定し、事務事業を行うのです。

国立大学も法人化されましたが（平成１６年度）、その過程で、中期目標、中期計画は一種のマニフェストであるという考え方が広まりました。マニフェスト（manifesto）は、もともとは「宣言・声明書」を意味しますが、特

に政治の分野では「選挙の際に政党等が発表する具体的な公約」をいいます。中期目標、中期計画とも、何をいつまでにどれくらいやるか（具体的な方策、実施期限、達成水準）を明示し、事後の検証、評価を可能としていることにおいて、一種のマニフェストであり、法人の中期的な経営戦略でもあります。

　中期目標、中期計画の策定に当たり、過去を踏まえ現状から一歩一歩着実に前進するという発想だけでは、社会状況の激しい変化等を考えると大きな発展は望めません。少なくとも６〜７年後のあるべき博物館像を構想し、そこへ向かって１年目は３０％、それが実現できたら２年目は４０％……というようにあるべき姿に向かって挑戦していくという戦略的な取組みが大切です。この観点から当館は、中期目標、中期計画において、当館の目的・役割にふさわしい事務事業を定めるとともに、目標期間内に達成すべきそれらの水準をできる限り定量的又は具体的に定め、その達成状況を明確に判断できるようにします。それを公表するとともに、適切な評価を受け、運営の改善に役立てていくことは、社会や人々への説明責任を果たす上で大切なことです。

業績評価に主体的に取り組む

　独立行政法人制度においては、法人の業務の効果的、効率的な実施を実現するため、法人運営は法人の自律性を基本とし、国の関与は中期目標の指示と事後の業務の実績に関する評価（業績評価）という形にとどめ、具体の業務の運営は、法人が中期計画に従って自主的に行っています。そして、法人が所期の成果を挙げ、また、透明な業務の運営を確保する観点から、業績評価は、評価委員会により的確かつ厳正に行われ、その結果が公表されることになっています。

　業績評価は、中期目標に示された目標に向けて、業務運営の効率化や業務の質の向上等が進められているかの視点で実施されますが、各事業年度に係る業績評価と中期目標に係る業績評価があります。各事業年度に係る業績評価は、毎年度行われるもので、その事業年度における中期計画の実

施状況の調査（実情の把握）と分析（達成率の認定）の結果を考慮し、業績の全体についての総合的な評定（A、B、C等の指標による評価）を行うものです。それに付随して、法人に対し将来の業務運営の改善その他の勧告をすることもできます。中期目標に係る業績評価も、同様です。

業績評価の結果や勧告は、その内容が専門的かつ客観的であることから、また、広く国民の理解を受けるためにも、それを受けて法人において自主的に必要な措置をとることが期待されています。

博物館評価の場合、調査研究、展覧会等の質のように、達成水準を定量的又は具体的に明確にできない項目も少なくなく、業績評価の準備としての自己評価には、色々な苦心があります。評価結果は、業務が館の目的・役割に基づき適切、効果的に運営されること、財務内容が健全であること、コスト削減努力が着実に行われていることなどについて、種々の改善工夫を図るために貴重であるだけでなく、対外的に説明し、理解していただくためにも大切です。このように業績評価は、業務運営に係る責任の明確化を図る上で不可欠なものであり、当館は、「評価の時代」にふさわしい評価を得るため、中長期的展望に留意しつつ自己評価の在り方を検討するなど、毎年度、主体的に業績評価を受けるよう取り組んでいます。

なお、当館の業績評価は、これまで良好であると言えます。

業績評価を積極的に活用する

独立行政法人評価は、法人に自主性、自律性を与えつつ、業務の実績について中期目標等に照らし評価委員会が事後評価を行い、弾力的、効率的で透明性の高い運営を確保しようとするものです。この業績評価は、業務運営の効率化や業務の質の向上等が進められているかの視点で行われることから、各事業年度に係る評価結果がその後の業務の実施や予算等へ適切に反映されることが肝要です。いわゆるPDCA（Plan‐Do‐Check‐Action　計画－実践－評価－改善）というサイクルの確立です。

当館は、評価委員会から受けた指摘について、できる限り早期に積極的

に対応しています。例えば、平成17年度業績評価において「標本資料については、例年に比べ多くの標本を登録したが、今後、質に配慮しつつ量的な収集計画を策定する必要がある」と指摘されました。これを受けて、平成18、19年度に資料の収集・保管の体制を整備し、基本方針を策定するなどの措置を講じ、現在に至っています。

　当館は、資料収集・保管機能と調査研究機能を統合した組織体制をとっており、各研究部が資料を収集・保管することとしています。この体制を維持しつつ資料収集・保管機能を格段に強化するため、標本資料センターを設置し、その下で研究部が協力し、統一的な方針の下に資料の収集・保管を計画的に進めるようにしました。センターにはコレクションディレクターを置くとともに、各研究部から研究員をコレクションマネージャーとして配置し（兼担）、各研究部との連帯感が持てるようにしました。なお、センターでは、経費削減、公開促進等のため、すべての資料を統合データベースにより管理することにしました。

　また、分子生物多様性研究資料センターを設置し、DNA抽出のための標本の収集保存やDNA抽出データの保存、DNAの解析等を行い、分子レベルで分類を決めていくなど分子生物学的な対応が可能となるようにしました。センター長はコレクションディレクターをもって充て、研究員は各研究部から研究員を配置し（兼担）、標本資料研究センターや研究部との協力関係に配慮しました。

　資料は、いうまでもなく国内外の研究者に広く利用され、その研究の基礎となり、また、人類共通の財産として次世代に継承されていくものです。資料の収集・保管という博物館に固有な機能を充実するためのこれらの新しいシステムは、限られた人員、経費で最大限の効果を挙げることを企図したもので、当館がポータルサイトとして運用するサイエンスミュージアムネット（S‐Net）の充実にも寄与すると思います。

自己評価は総合的に

　博物館法が改正され、博物館は、平成 20 年 6 月から運営状況の評価・改善と運営に関する関係者への情報提供に努めるべきことになりました（第 9 条、第 9 条の 2）。図書館や公民館も、博物館と同様な努力義務が課されました。

　博物館法による評価は、博物館自らが「博物館の運営の状況について評価を行う」ものであり、自己評価です。評価の目的は、「その結果に基づき博物館の運営の改善を図るために必要な措置を講ずる」もので、第一義的には博物館の運営の改善に役立てることです。また、運営に関する情報提供の一環として、評価の結果をわかり易く示すことにより、関係者の理解と連携・協力を得られるようにすることも、評価の目的と言えます。

　大学が自己点検、自己評価を経て外部評価により大学改革を進めてきたように、博物館も、質的充実のために目的・役割に応じた自己評価を実施することが必要です。

　ところで、（財）日本博物館協会は、博物館活動の基本理念として「対話と連携の博物館」（平成 12 年 12 月）、その具体的な活動方針として「博物館の望ましい姿」（平成 15 年 3 月）を発表し、平成 18 年 3 月には、それを土台に博物館の経営と運営の能力を高めるため「博物館の経営・運営指標（ベンチマーク）づくり報告書」を公表しました。この報告書は、各博物館が活動全般について評価をし、その実態を認識・分析した上で、実情にあった改善計画を策定する必要があるとの視点から、博物館の運営改善の道具として、館の状況を点検する際の視点と視点で示した事項を具体的に点検する点検項目の例を示したものです。

　各博物館が自己評価を行う場合、その具体的内容は、実施主体である各館がその目的・役割に応じて策定された事業計画が円滑に行われ、必要な改善がなされるように定めることになります。この評価指標の設定に当たり各博物館は、報告書の視点と点検項目の例が有力な参考資料になると考えます。

　他方、独立行政法人は、中期目標で示された目標に向け、業務運営の効率化や業務の質の向上等の観点から中期計画の達成状況について毎年度業績評価を受け、その結果が公表されます。博物館は、その準備として自己評価

を行っています。館自らが一定の形式に従いつつ評価指標を設定し、達成度を測定し、その上で評価を受けるのです。

　博物館法による自己評価については、このような業績評価の実態を踏まえ、業績評価に係る自己評価と一体化して総合的に行うことが適当です。これにより、自己評価を真の運営改善に結びつけ易くなるだけでなく、評価に伴う負担増を軽減できるからです。そのためにも厳正な自己評価と内からの改革を実行する能力が求められています。

　業績評価は、計画の達成状況についての外部評価ですが、自己評価を工夫し総合的に自己評価を行う場合には、重要事業を選んで複数の部外者による外部評価を行うことも、自己評価の実効性を高めるために有効であると考えられます。

来館者満足度調査を活かす

　当館は、平成１５年度から毎年度「来館者満足度調査」を実施しています。小学校高学年程度以上の来館者を対象として、入館時に通路で調査票を配布し、退館時に同じ場所に設置した回収箱に投入していただく形で行っています。記入は自己記入式です。

　調査の目的は、来館者の構造、行動を把握すること、館内の諸設備、サービスに関する問題点を抽出することです。これらの調査は、特別展・企画展や教育活動の実施の際に行うアンケート調査においても実施していますが、来館者満足度調査は、サンプル数が多く、館全体のレベルを調べる上で有効性が高いだけでなく、継続しての比較が可能で、新たな示唆を得るのに有効です。

　来館者の構造、行動をみると、家族連れの親世代と見られる「３５〜４４歳」の年齢層が多く、次いで、「１５〜２４歳」、「２５〜３４歳」の順になっています。来館の主なきっかけは、「学校の授業」、「子どもの希望」が多いことを考えると、授業に役立つ、分かり易く楽しい博物館を考えることも大事です。館の滞在時間が２時間以上が過半数近くを占めていることから、休

憩場所等の工夫も必要です。

　館内の諸設備・サービスに関しては、立地・施設・展示・教育プログラム、利用者サービス、運営について、「たいへん満足」、「満足」、「不満」、「たいへん不満」の４段階評価を行っています。前二者を合わせた回答率を「満足している人の割合」（満足率）とすれば、館全体の満足率は、９５％前後で推移しています。展示を例にとると、展示の内容、展示されている資料、展示室の環境等は高い満足率ですが、展示室内の廻り易さは８０％弱の満足率です。このようにこの調査では、施設・サービスの問題点を満足率によって浮き彫りにし、これを解決して、館をより良く改善することに役立てています。その際、個別満足度と全体満足度との相関関係を考慮し、全体満足度との相関が高いにもかかわらず個別満足度が低い項目、例えば、広報・広告等については、早急に改善する必要性があると考えています。

　来館者は、色々な期待を持って博物館を訪れます。博物館は、どのような人がどんな期待を持って来館し、その期待がどのくらい実現されたかを知ることも大切です。満足度調査を更に工夫し、これを適切に把握し、問題点があれば解決を図っていくことが必要です。

　また、来館しない、あるいはほとんど来館しない人々の理由を探り、来館を促すためにどうするかについての手掛りを得るための調査も大切であり、マーケティング調査の必要性を感じています。

民間競争入札になじまない

　市場化テストとよく言われますが、これは、「競争の導入による公共サービスの改革に関する法律」（平成１８年７月施行）により行われる民間競争入札のことです。民間競争入札は、民間でできることは民間にとの観点から、官が担っていた公共サービスについて、官と民が対等な立場で競争入札（官民競争入札）を行い、又は民間事業者の間で競争入札（民間競争入札）を行い、質、価格の両面で最も優れたものがそのサービスの提供を行うものです。そのため、国の行政機関等は、官民競争入札、民間競争入札又は廃止の対象

とする公共サービスを選定することになっています。

　問題は、博物館の事務事業が民間競争入札の対象にふさわしいものかどうかです。

　当館は、自然史、科学技術史に関する中核的な研究機関と主導的な博物館としての役割を果たすため、研究者が資料を体系的に収集・保管し、実証的に調査研究をするとともに、研究の成果とそれにより価値づけられた資料により展示や教育活動を行っています。このように研究者を介して統合的に行われている一連の活動を、資料の収集・保管、調査研究、展示・教育活動に分け、各活動を独立の事業のようにとらえ、それぞれについて民間競争入札の可否を論ずるようなことは、そもそも無理があると思います。

　各活動の特徴とそれらの有機的な結びつきをみると、資料の収集・保管は、博物館の基本的な業務であり、生物多様性の保全や科学技術の発展の基礎資料として重要です。各国とも、ナショナルコレクションの構築を課題とし、当館も、組織的な資料の収集・保管とともに、当館が主導して他の博物館や大学等と資料情報ネットワークを形成しつつあります。

　調査研究では、様々な科学研究や技術革新の基盤となる自然史体系や科学技術史体系を創る研究を資料に基づいて計画的に行っています。大学等におけるこの分野の研究が縮小廃止される中で、当館の責任は重いものがあります。

　展示や教育活動については、人々の科学リテラシーの涵養のために広く資料を探し、限られた資料により効果的に行うことが求められています。これらの活動は、博物館で資料と向き合い、研鑽を積み鍛えられた研究者であってはじめて可能になります。しかも、企業等と共催し経費負担等を求めることができるのは、研究者の研究成果やノウハウ、それに基づく企画・立案・実施能力の提供があるからです。また、資料の意味やその扱いに通じた研究者が主体的に関与することにより、先導的な展示や教育活動の開発ができるのです。

　このように当館の活動全体はもとより、各活動についても、研究者の存在を抜きにして効果を挙げることは困難であり、当館の事務事業は、民間競争入札になじまないといえます。勿論、当館は、民間競争入札の狙いである

サービスの維持向上を経費の節減とともに実現するよう、これまで以上に努力していきます。

施設管理運営業務を民間競争入札に

　平成１９年１２月に独立行政法人整理合理化計画が策定されました。計画は、国民生活の安定及び社会経済の健全な発展のため必要なサービスを確保しつつ、政府における無駄を徹底して排除するよう取り組んでいくとの観点に立ち、官民競争入札等については、積極的に導入し、提供する財・サービスの質の維持向上と軽費削減を図ることを、各法人に求めています。

　当館については、「施設管理・運営業務（展示事務の企画等を除く。）について、民間競争入札を実施することとし、対象業務の範囲、実施予定時期等について検討を行い、平成２０年度末までに結論を得る」とされています。

　当館は、現在、防災・空調等の設備管理、警備、清掃、売札、総合案内について、それぞれの業務を専門とする民間業者へ業務を委託しています。これは、各業務について質の高いサービスや品質を確保しつつ、経費の削減を図るためです。

　民間競争入札の対象となる施設管理・運営業務の範囲を考える場合、これらの外部に業務を委託している業務が検討の対象となります。民間競争入札と従来の外部委託に係る競争入札の対象となる業務を比較した場合、前者は、質の維持向上と経費の削減を共に達成する上で、民間事業者の創意と工夫が反映されることが期待される一体の業務であること、後者は、民間事業者の創意と工夫を反映させることが必ずしも高くない部分的な業務であることに特色があります。このため、落札者の評価に当たり、従前の競争入札が質の要素に着目する必要性が必ずしも高くないのに比べ、民間競争入札は、質の優劣に着目する必要性が高く、したがって、より厳格な透明性、公正性を担保する入札手続きにより、民間事業者間の透明、公正な競争を実施する必要があります。

　前記の整理合理化計画において、一部でいわゆる官製談合の舞台になる

など、国民の信頼回復が喫緊の課題となっているとの認識が示されていることを踏まえると、当館としては、現に外部委託を行っている業務については、手続き面での負担は増すものの、より透明性、公正性の高い民間競争入札の対象とすることが適当であると考えています。その場合、すべての外部委託が終了する平成２３年度から、可能であれば業務を統合して民間競争入札を行うことが考えられます。

　ただこれらの業務については、これまで、館として来館者からの意見や質問等を確認、集約し、受託業者と意思疎通や適宜の改善を図ってきています。民間競争入札の場合、創意工夫を促すため、具体的な仕様の策定は必要最小限に止まり、適正、確実なサービスを実施しているかを把握し必要な指導を行う手続きもやや煩雑です。来館者を大切にし、サービスの向上をどう図るか運営には工夫を要します。

非公務員化を採用に活かす

　独立行政法人には、役員、職員に国家公務員の身分を与える特定独立行政法人とそれ以外の独立行政法人があります。当館は、平成１３年度に特定独立行政法人として発足しましたが、中期目標期間の終了時の見直し（平成１６年実施）により、役職員が非公務員化されることになり、平成１８年度から特定独立行政法人以外の独立行政法人になりました。

　当館の役職員の非公務員化は、すべての研究開発・教育関係法人の役職員の非公務員化の一環として行われたものであり、調査研究事業等において大学等との連携を促進し、より一層の成果を挙げることを狙いとしています。具体的には、非公務員化により、国家公務員法体系にとらわれない、より柔軟で弾力的な雇用形態、給与形態、勤務時間形態等が可能になり、大学や研究所だけでなく、民間も含めた人事交流等を促進するため、非公務員化は有効であるとされたのです。

　ただ、当館が行っている自然史や科学技術史の調査研究分野は、その存続が危惧されるなど大学等における調査研究が縮小傾向にあり、しかも、当

館の研究者には展示や教育活動に積極的に取り組む意欲と能力を持つことが求められます。大学等との人事交流は、調査研究の活性化等のために大切なことではありますが、このような事情の下で現実にはなかなか困難な状況にあります。

また、1年以上の任期を付した採用ができるようになったことによる任期制の導入については、大学等他の職場の確保が難しい事情があるだけでなく、当館の調査研究が資料を収集・保管し、それに基づく実証的な研究を長期にわたり継続的に行うものであること等から、慎重に検討を行っています。

こうしたことから当館における非公務員化は、現在のところ研究者よりも事務職員の採用についてメリットがあります。事務職員の採用が国家公務員法上の試験採用の原則によることなく、研究者と同様、専門的知識、技術等を重視した採用が可能になったからです。当館は、自ら展示や教育活動を企画、立案、実施したり、研究者の意を体した展示や教育活動を実現する人材が必要です。このような人材をより広く選考により採用することができ、また、採用に当たり3年、5年等の任期を付すことができるなど、当館の人事戦略に基づく採用ができることになりました。

また、非公務員化は、いわゆる親方日の丸意識を脱却し、法人運営におけるコスト意識の浸透に資するとの見方もあります。効果的・効率的運営により質の高いサービスを提供するため、非公務員化のメリットをできるだけ活かしていきたいと思います。

新しい人事評価を構築する

すべての組織は、職員一人一人の主体的な能力開発や業務遂行を促し、人的資源の最大活用と組織のパフォーマンスの向上を図ることを必要としています。そのためには、人材の育成・確保と的確な採用、勤務の結果に対する適切な処置、勤務意欲の向上を可能にする人事評価システムが不可欠であり、職員の能力や業績を客観的に把握する評価制度の確立が課題です。

国家公務員については、この観点に立ち、平成18年度から新たな人事

評価の試行を行っており、平成２１年度中に全職員について本格実施する予定になっています。

　試行を通して、職位に求められる職務行動に照らし、実際の職務上の行動が評価期間を通じて定性的にとられているかという観点から行う「能力評価」、評価期間ごとに設定する目標や与えられた役割がどのくらい達成されたかという観点から行う「業績評価」、さらに評価者と被評価者のコミュニケーションの充実という観点から行う自己評価、面接、評価内容のフィードバック等を実施し、新しい評価制度を構築することにしています。

　能力評価は年１回（１０月１日〜９月３０日）、業績評価は年２回（４月１日〜９月３０日、１０月１日〜３月３１日）、ともにあらかじめ示す評価基準に照らして行う絶対評価であり、任用、給与へ反映することとされています。

　当館は、平成１８年度から役職員が非公務員になりましたが、事務事業が行政の範疇に属するものであることなどから、公務員に準ずる対応をしています。人事評価については、平成１９年の独立行政法人整理合理化計画で、国家公務員と同様に、「各独立行政法人は、役職員に対して、目標管理の導入等により適切な人事評価を行うとともに、その業務及び勤務成績等を給与・退職金等に一層反映させることにより、業務遂行へのインセンティブを向上させる」とされています。当館は、これに従い、平成２２年度末までに新しい人事評価制度を導入することとしています。

　当館は、現在、一人一人が館の方向性を的確に認識し、自ら課題を設定し、解決することができる能力の育成を図ることを主眼として試行を行っています。試行を通して、調査研究と展示・教育活動を行う研究者等にふさわしい客観的な評価基準を作り上げていきたいと考えています。

戦略的に広報活動を展開する

　当館は社会とともに歩み進化する博物館を目指していますが、これは、社会的存在意義と社会的責任の高まりを背景とするものです。このような状況

の中で、広報は、博物館の発展を支え、社会やお客様との信頼関係を作る機能として重要性を増しています。そこで、当館は、平成１８年度からの第二期中期目標期間から、それまでの単発的であった広報活動を見直し、当館の人的物的知的資源を活用しつつ、メディアや企業と効果的に連携し、館全体の広報活動を戦略的に展開することにしました。その際に、企業における企業広報、商品の宣伝活動が別々に行われているように、当館も、商品に相当する展示の宣伝活動とは切り離して、館全体の広報活動を行うことに留意しました。その目標は、集客増と来館者満足度の向上を図るため、館が実施する諸事業のパフォーマンスを効果的・効率的にする事業運営の仕組みを提供することです。

　第一は、館のブランドイメージの向上です。具体的には、平成１９年に開館１３０周年を記念して、館のキャッチコピーを「想像力の入口」とし、それをイメージしたシンボルマーク、ロゴを作成しました。展示・教育・研究活動等のチラシ・ポスター、プレスリリース資料、ホームページ、職員の名刺等に使用しています。今後は、シンボルマーク、ロゴを使ったオリジナルグッズの開発にも力を入れていきます。

　第二は、館の顔が見える広報です。ホームページを見直し、利用者側から見て使いやすい、館の活動が良くわかりアクセスし易いホームページにするというコンセプトの下にリニューアルしました。また、メールマガジンによる情報発信とともに、印刷物を整理して低コストのイベント情報誌「kahaku event」を創刊しました。

　第三は、利用者を常に意識した広報です。館サイドの視点に立つ広報から、個人を対象として関係性を重視する広報への転換です。ホームページのリニューアルもその例ですが、来館者満足度調査等による利用者分析やパートナーシップ制度の導入、友の会制度によるインセンティブの付与等も、これに当たります。あるいは、職員の意識改革やボランティアによるホスピタリティの向上等です。

　第四は、マスコミに対する情報提供です。リアルタイムでのプレスリリースの他、当館の過去２か月間の様々な活動内容を「科博の日々」としてお知らせしながら、これから何を目指していくのか、どう実現しようとしている

のかのメッセージをお伝えする「これからの科博」の送付（毎月末）です。
　第五は、社会的認知はもちろんですが、これまで当館に来られたことのない人が来館するきっかけになるような地域・企業との連携による様々なイベントの実施です。例えば、当館での演奏会の実施、上野地域でのイベントへの参加・協力です。
　今後の課題としては、リスクマネージメントの一環としての広報機能の充実等が考えられますが、引き続き、戦略的な広報活動を展開していきます。

ブランド価値を高める

　国立大学が法人化されてから大学独自のブランド商品が発売され、予想を超える売れ行きのものもあると聞いています。大学全入時代を迎え、大学はブランディングに力を入れるとともに、ブランド価値の積極的利用を図っているといえます。世界の一流の博物館のブランド・マネジメントは、つとに知られたところであり、当館ももっと意欲的な取組みを要すると思っています。
　ブランドの条件としては、ブランドとして認知されること、高品質で人々の信頼や満足感が得られること、他との差異性があると広く意識されること等が必要とされます。当館は、唯一の国立の科学博物館として、その歴史と実績により大学に負けないブランド価値を有していると自負しています。
　当館もこれを活かして、平成16年の地球館のオープンを機にフィギュアを開発、販売しました。「科博所蔵品再現モデル」と名付け、トリケラトプス等全12種、すべて展示品を忠実に再現したものです。平成19年の日本館のリニューアルオープン時にもオリジナルグッズを3種類発売しましたが、カプセルフィギュアは売れ行き好調です。また、平成２０年には、地球館の系統広場の生き物たちを絵柄とする「かはくトランプ」の販売を始めました。オリジナルグッズは、ブランド・イメージを前提に展示物をモチーフとし、観覧の記念となり、その記憶を助けるものという観点から開発してあり、新しい切り口による絵葉書等品揃えを考える必要があると思います。

また、（株）セコムのテレビ CM では、他施設とともに当館の展示場が使われ、平成 18 年に半年にわたり放送されました。このケースでは、両者のブランドの相乗効果が期待できたのではないかと思います。

　当館は、創立 130 周年を迎えた平成 19 年にブランディング戦略の一環として、グラフィックデザイナーの佐藤卓氏に依頼し、シンボルマークとロゴを定めました。当館のキャッチコピー「想像力の入口」をモチーフとしたもので、科博のアイデンティティーを確認し、科博らしさを追求する核になることを期待しています。シンボルマーク、ロゴの使用や文書のデザイン等に一貫性をもったブランド・イメージの管理が課題です。

　今後とも、科博ならではの活動、事業を一段と充実し、様々な形で当館を利用される方々に対し、いつでも望ましいブランド価値を提供できるように努めていきます。

Ⅰ-2. 社会や人々の変化に応える

(本文関連：「子どもを博物館へ－博物館の達人、野依科学奨励賞受賞－」)

科学を文化に

　私達の身の回りには科学の成果があふれ、それを享受することに慣れきっています。製品はブラックボックス化し、「このボタンを押せばこうなる」ということはわかっていても、一般に、なぜそうなるのかということを考えないし、これを工夫、改良しようなどということはありません。何事も徹底して考えるということがないと、新しい発想は出てこないし、次の段階へ進むこともできません。社会の中に科学について考える、科学活動に参加するという雰囲気を育てていくことは、科学知識の普及や科学の発展にとって極めて大切です。

　ところで、科学は知的好奇心をもって真を追求するものです。何が真であるかを追求することにおいて、科学は、美術、音楽、文学等と同じく人間の本性に根ざした創造性あふれる文化です。人々の間に科学を文化として味わう気風がひろがって欲しいものです。これは、日本学術会議第四部報告(「科学、技術を文化として見る気風を醸成するために」平成１７年６月)で主張されていることです。科学は文化であるとは、多くの人が指摘しています。

　美術、音楽、文学等の文化芸術振興の基本理念の一つとして、文化芸術を創造し享受することは人々の生まれながらの権利であり、国民が等しく鑑賞、参加、創造できるような環境の整備が図られるべきことがあげられます(文化芸術振興基本法第２条第３項)。科学は文化であるという考え方は、人々が等しく科学の成果を認識し、科学活動に参加することができること、これを通じて科学への理解を深める社会を創ろうとの主張にほかならないと思います。近年、文化のまちづくりが進められています。同様に、諸セクターが連携協働して科学のまちづくりを行い、科学と日常生活との距離を縮めたり、生涯にわたり科学に触れる機会を増やすなど科学文化を醸成し、人々の間で科学が話題となり、「なぜ」と問う気持ちになることを目指して欲しいと思います。

　近年、サイエンスカフェのような催しが全国で行われるようになり、喜ばしいことです。当館での取組みも含め、あまり科学に興味関心のない人々への働きかけなど裾野の拡大を図ること、特に一過性のものに終わらせない

継続性を持たせることなどが課題です。この活動にも、諸機関との協力が不可欠です。

　当館は、他の博物館や大学等色々な機関と協力しあって、科学が広く社会に受け入れられ、科学を文化として味わう気風を醸成し、社会の文化化に寄与することができるように積極的に活動していきます。

「博物館の危機をのりこえるために」から

　平成19年5月に日本学術会議から「博物館の危機をのりこえるために」と題する声明が発表されました。この声明は、昨今の行政改革により国公立の博物館をめぐる制度的環境が激変したが、これは機能充実を目的とした改革ではなく、財政と経済効率を優先する改革に影響されて、博物館が社会的役割と機能を十分に発揮できない状況に陥る可能性があることを憂慮し、充実した博物館活動を実現するための提言と対策を示したものです。

　声明は、まず「国公立博物館の役割と課題」として、博物館の役割と機能は高い学術・芸術的価値と時間的価値を集積した実物資料の保存、継承、活用にあるとし、博物館には将来を見据えた中・長期的計画が不可欠であるが、同時に時代の変化に慎重かつ的確に対応する柔軟性も不可欠であるとしています。また、市民社会に広く開かれたシステムを構築することの必要性も指摘されています。

　第二に、「博物館への指定管理者制度導入の現状と問題点」では、公立博物館では指定管理者制度の導入によって短期的にはより良質かつ低廉なサービスが提供される一方で、長期的にみた事業運営上の弊害や潜在的危険性も浮上しています。具体的には、長期的展望に基づく資料の収集・保管、調査をおろそかにする傾向を招き、その基盤業務を担う学芸員の確保と人材育成が危ぶまれる状況を招いているとの認識に立っています。指定期間として10年（既存館）〜15年（新設館）を目安として、5年ごとの業績審査を行い、継続か否かを判断することが望ましいとしています。

　第三に、「国立博物館に関する新たな公的制度に向けて」では、国立科学

博物館、国立博物館、国立美術館の3法人が、他の独立行政法人と区別された国立博物館法人を構成することが望ましいとの試論を示しています。博物館が資料を収集・保管、調査研究、展示し、また教育的配慮をもって市民・公衆の教養、調査研究、レクリエーション等に資するために必要な事業を行う機関に適した法人になることは望ましいことです。

しかし、国立科学博物館は研究施設と社会教育施設（博物館）としての目的・機能を持つのに対し、国立博物館と国立美術館は社会教育施設（博物館）としての目的・機能を持つものです。このことから国立科学博物館は、研究開発力強化法において研究開発法人とされています。いずれも博物館機能を持つとはいえ、研究施設としての機能を併せもつ国立科学博物館を他の2施設と同一に扱うことは疑問なしとしません。

なお、評価に当たり、組織の安定性と業務の効率性の双方を衡平に評価しうる制度の確立が望まれることは、いうまでもありません。

第四の「博物館の中・長期的展望」では、博物館が重大な岐路に立っていることを踏まえ、将来を見据えた目標・戦略として、①様々な博物館による多様性の形成　②柔軟な公共サービス、③新たな学芸員制度、④評価制度の導入、⑤博物館相互のネットワーク機能、⑥博物館活動を支援する社会制度の充実を提言しており、いずれも重要なことです。特に①を踏まえた⑤は、相互補完による高度で新たなサービスの提供のために大切です。

「お客様」へと意識を変える

「お客様は神様です」広く知られた、歌手の故三波春夫さんの言葉です。入館者はすなわちお客様であり、私達も、同じような気持です。

展示や教育活動を通じて、伝えたいことをわかりやすく、難しいことを易しくお伝えします。博物館は、専門家と一般人との架け橋です。その役割を的確に果たしているかどうかを端的に示すのは、入館者数です。まず、大勢の人達に足を運んでいただくことが先決です。来館者の満足度も大切です。博物館が知的な刺激を共有し、楽し

みを分かちあえる場として、十分に機能しているかどうかです。来館者に御満足いただくことが、さらなる入館者の増加にもつながります。

　当館の入館者数を第１期中期目標期間の始期（平成１３年度）と終期（平成１７年度）で比較すると、８９９，０００人から１，６１９，０００人へと倍近く増加しました。内訳では、大人の比率が５８％から６６％に高まり、大人の博物館としての認識が浸透してきたように思います。入館者増は、職員の意識改革を踏まえ、常設展示の全面刷新、特別展や企画展等の格段の充実、アメニティへの配慮、広報活動の強化等が行われたことがその理由と考えられます。今後、子どもは中・高校生、大人は４５歳以上の世代の来館を促していく必要があります。

　満足度については、毎年度調査しており、展示の内容等全般にわたり高い評価を得ているということができます。これからは、常設展示の鮮度をどう保っていくか、いかにアメニティの向上を図るかなどが課題です。

　平成１７年度から当館は、入館者を「お客様」とする意識を具体的に示すために、広報・サービス部情報・サービス課にお客様サービス係を作り、お客様の立場から考えるという姿勢をわかり易い形で取ってきました。このことに関連し、日経新聞が、日本館リニューアルオープンに関連する記事で、「科学博物館も経営感覚がなければ、来館者を『お客様』と呼んだりしないだろう」と評価してくれたこと(平成１９年４月２８日「春秋」)は、うれしいことです。

　多数のお客様にお越し願い、十分満足していただく、そして再三来館していただく、こういう博物館を目指しています。

　なお、平成１９年度の入館者数は、１，９０８，０００人、９４％を超える人が全般的に満足しているという状況です。

知識基盤社会で重要性が増す

　社会の複雑化、不透明化、科学技術の高度化、情報化等により、新しい知識が政治、経済、文化等社会のあらゆる領域で基盤となり、重要性を増す

知識基盤社会が到来しました。人々が充実した心豊かで経済的にも豊かな生活を送り、また、社会に変化をもたらし、社会を支え発展させるためには、一人一人が自ら課題を見つけ考える力、知識や技能を活用して困難な課題を解決する力、他者との関係を築く力等総合的な知を必要とします。

　このような知は生涯にわたる様々な学習の機会を通じて次第に身につくものです。それを担う中核的な機関は大学等の高等教育機関でしょうが、博物館等の社会教育施設は、総合的な知の形成のために重要な教育基盤をなしているとの認識の下に、その教育機能を強化する必要があります。博物館は、標本資料を収集・保管し、調査研究し、展示や教育活動を行いますが、人々はこの活動を通して、過去を理解し、現在を認識し、未来を展望します。標本資料等による過去の再現を見て、現在とのつながりや違いを知り、人間の営為を考えるとともに、将来の活動の示唆を得るのです。このような博物館の役割は、総合的な知を形成するために大切であり、今後ますます重要性を増すものと思います。博物館は、総合的な知を常に念頭に置いて、世代やライフステージに応じた適切な活動を展開することを期待されています。

　科学技術は高度化・専門化し、一般の人々がそれを理解することが困難となり、自らの生活と科学技術との関わりに無関心になりがちです。また、人類の活動範囲を飛躍的に拡大させた結果、地球温暖化、生物多様性の減少等自然環境がかつてないほど急激に変化しつつあります。このような状況を踏まえて当館は、自然環境の変化や科学技術の発展の過程を「もの」によって記録し、研究し、展示するなど、人間と自然の望ましい関係について、人々に適切な示唆を提供しています。また、人々にとって科学技術が身近なものとなるように、人々と科学技術との相関性について考え見直す機会を提供しています。

　当館は、このような社会にとっても個人にとっても重要な課題について、総合的な見方、考え方が得られるような活動を行っています。知識、情報がこれまで以上に重要で、知識、情報を持つ人と持たない人との差が決定的なものとなる時代において、博物館は、学習についての社会が必要とする社会的要請に対応しつつ個人が求める個人的要求にも調和的に応えていくことを一層求められています。自己の人格を磨き豊かな人生を送るために、生涯学

習の重要性が指摘されるとき、この調和ある学習の機会の提供や奨励は、極めて大切です。この観点からもわかり易さや楽しさを実感し、共感できる博物館でありたいと思います。

生涯学習需要に応える

　生涯学習社会において、学校教育への過度の依存とその強すぎる完結性を改めることが課題となったことは、いまだ記憶に新しいところです。社会教育は、学校中心の社会を徐々に変えていく上で重要な役割を果たすことを期待され、学校教育と社会教育は、車の両輪として連携協力して生涯学習社会を支えていくことを求められてきたのです。

　ところで、平成１８年に教育基本法が改正されましたが、同法は、生涯学習の理念（第３条）について規定するとともに、学校教育、社会教育、家庭教育（第６条、第１０条、第１２条）についてそれぞれ定め、さらに学校、家庭及び地域住民等の相互の連携協力（第１３条）について規定しています。生涯学習社会においては、学校、家庭、地域住民等が教育におけるそれぞれの役割と責任を自覚し、相互の連携と協力に努めるものとされています。なお、社会教育について、旧法では、「家庭教育及び勤労の場所その他社会において行われる教育」とされていましたが、新法では、「個人の要望や社会の要請にこたえ、社会において行われる教育」とされており、国や地方公共団体は、これを踏まえ、人々の多様な学習需要に適切に対応するために必要な学習の機会の提供や奨励をすることが求められます。

　生涯学習社会は、人々が生涯にわたって、あらゆる機会にあらゆる場所において学習することができ、その成果を適切に活かすことのできる社会です。科学技術の進歩や社会構造の変化、高齢化の進展や自由時間の増大等に伴い、人々が自己の人格を磨き豊かな人生を送ることができるようにするため、生涯学習がますます重要になっています。代表的な社会教育機関である博物館は、これに応えて、人々が生涯を通じて等しく利用できる学習の機会を提供することが望まれます。博物館は、人的物的知的資源を存分に活用し、

基本的にはすべての人々の学習需要に応えられるように配慮する必要があると思うのです。

具体的には、博物館は、幼児から高齢者まで各年齢層の興味・関心や知識・経験等を考慮し、それにふさわしい教育活動を用意し、提供することです。これにより人々は、その生涯を通じて博物館を利用することができるようになります。このことは、教育を公共サービスの中核とする各国博物館の方向性に沿うものと思います。

どの年齢層に力を注ぐかは、各博物館の判断です。当館は、大人の科学知識の現状等を配慮し、子育て世代や中高年齢層を対象とする教育活動にも積極的に取り組み、子どもから大人まで人々の生涯学習需要に応じられる教育活動を構築していきたいと考えています。特に、生涯学習の観点から科学リテラシー涵養のための教育プログラムの開発、体系化を図りたいと思います。

科学技術への関心を高める

近年、科学技術に興味、関心を持たない人達が増えました。特に若い人達（２０歳代）に顕著です。複雑、高度化した科学技術の成果が身のまわりにあふれ、それを享受することに慣れ、科学技術の発展過程を経験できないことが、その一因であるといわれます。科学技術が着実にまた飛躍的に進展してきた時代を体験した者には十分うなずける指摘です。先人がどのように考えてきたかを知ると、人は興味が沸き、関心をもつものです。

当館は、科学技術が発達してきた歴史を実物資料と解説により展示しています。実物には様々な情報が含まれており、人々が実物を観察したり、触れたりすることにより、その情報を経験的に獲得できます。

また、当館は、学校では行えない科学技術の原理、実験について展示し、人々が実際に触ったり、動かしたり、体験できるようにしています。ブラックボックスを覗いてみたいという要望に応える、実験装置等を自由に動かすことができるハンズ・オン（参加体験型）展示です。

このように当館は、モノを使った具体的展示の持つ効果により、人々が感動や驚きを受け、好奇心を抱き、知ろうとする意欲がわき、科学技術に興味、関心そして知識を持つこと、さらに科学技術の現状や将来の在り方について考えることを期待しています。

　なお、実物資料の価値を真に理解するには、そのものの原理や用途を知ることが必要です。そのため展示解説等がありますが、実際に機械等を動かす動態展示はもっと効果的です。これには技術に精通したスタッフや交換部品等を要するものであることから、企業博物館等に期待しています。

　科学技術への興味、関心を高めるには、科学技術活動に従事している人々の啓発活動も大変重要です。

　当館では、展示に関連して、科学技術活動にかかわってきた人達がボランティアとして、展示の解説や案内をしたり、質問に答えたりしています。また、研究者は、科学技術に関する種々のテーマについてギャラリートーク（ディスカバリートーク）を行うなど、人々との直接対話を目指しています。

　団塊の世代が退職期を迎えるとき、科学技術の発展を支えてきた人々がその技や心について語り伝えていくことは、科学技術の啓発活動としても、ものづくりの視点からしても大切なことです。その具体化が課題です。

新たな科学技術理解増進活動を考える

　科学技術理解増進政策に関する懇談会（有馬朗人座長）が平成１７年７月に「人々とともにある科学技術を目指して」と題する報告をまとめました。私もそのメンバーとして参加しましたが、報告は、科学技術創造立国を目指す上で必要な科学技術理解増進活動として今後取り組むべき特に重要と考えられる事項を、３つのビジョンと７つのメッセージとして提言しています。３つのビジョンとしては、社会のための科学技術実現のためのアウトリーチ活動の推進、科学技術に関する知識や能力の向上のための科学リテラシー像の策定、伸びうる能力を伸ばしていくためのスーパーサイエンスハイスクールの拡充等が必要とされています。

7つのメッセージとしては、それらの活動を担う教育機関、家庭、科学館・博物館・コーディネート機関、企業、メディア、地方自治体、そして国に対して望まれている事項をあげています。博物館などについては、科学技術分野に関心を示さない人々をも念頭に、企画や活動手法を十分に工夫し、その魅力を伝えること、また、学校と様々な機関の結びつきを強化するコーディネート機関の育成・充実と博物館等がそれを担うことが期待されています。

　博物館については、これまでの博物館の役割を前提としていますが、科学技術創造立国に対応する博物館は、他機関との連携を視野に入れつつ、3つのビジョンを実現するため何をどう行うのか、生涯学習機会の提供を念頭に置いて、その活動を再構築し、積極的に発信していく必要があると思います。

　例えば、当館としては、生涯にわたり科学リテラシーを涵養する活動、サイエンス・コミュニケーション能力を育成する実践的な活動、学校の教育課程に対応する実生活と結びついた体験活動、あるいはアメリカの博物館におけるアフター・スクールのような研究者が継続的に指導する活動等の新たな活動を実施することが考えられます。これらの新たな活動は、従来の活動が殆ど一回限りの単発的な活動であったことの反省に立って、高度で多様な社会的需要に効果的に応えるため、展示や資料等を活用した博物館ならではの継続的な活動を行おうとするものです。このことは、従来の教育活動の必要性や重要性を減ずるものではありませんが、新たな活動のために、これまでの活動をブラッシュアップするとともに、スクラップ・アンド・ビルドの観点に立って見直すなど、博物館活動を全般にわたって再検討することが肝要です。

　いずれにしても、各博物館が科学技術創造立国を念頭に置き実施できることを順次工夫していくことです。そのためにも、報告がメッセージにおいて指摘する国や地方公共団体等の支援が望まれることは、いうまでもありません。

科学技術の智とは

　当館の中期目標(平成18年〜22年度)のひとつに、「人々の科学リテラシーの向上」が掲げられています。科学リテラシー(科学的リテラシーや科学技術リテラシー等の言い方もあります)は、科学(Science)とリテラシー(Literacy)の二つの要素からなります。もともとリテラシーは読み書きの能力のあることを示しています。文字通り捉えると、科学に関する読み書き能力に相当する基礎的な能力ということになります。

　我が国では5年に一度、科学技術基本計画を策定しています。これは、我が国の科学技術基本政策の基本的な枠組みを与え、科学技術創造立国を目指して科学技術の振興を強力に推進していく上での基本となる計画です。第3期科学技術基本計画(平成18年度〜22年度)の中で、科学技術に関する国民の関心を高めるために、初等中等教育段階における理数教育の充実に加えて、成人の科学技術に関する知識や能力(科学リテラシー)を高めることの重要性を指摘しています。ここでは科学技術に関する知識・技術・物の見方を分かり易く文書化したものを策定し、普及すると記されています。

　このような流れの中で、日本学術会議が中心となり、科学技術の智プロジェクトを実施し、すべての大人が2030年の時点で身に付けてほしい科学技術リテラシーを「21世紀の科学技術リテラシー像〜豊かに生きるための智〜」として報告書を提示しました。これは科学・数学・技術に関係した知識・技能・物の見方のことを示しています。これはすべての成人が基礎的な素養を身につけることによって、科学技術と社会との良好な関係を築き、豊かに生きる社会の実現を目指しています。2030年を目標にしているのは、この報告書が発行された2008年に生まれた子どもたちが成人になった時に、この科学技術の智が社会全体にいきわたっていることを期待しています。

　内容は数理科学、生命科学、物質科学、情報学、人間科学・社会科学、技術の領域について分けて記述されています。従来の枠組みにとらわれず、技術、人間科学、社会科学も分野として設定しています。またその区分は独立したものではなく、総合的な科学技術の智を目指すための入口となっています。基本的に各領域とも人間社会を軸にストーリー性を持って記述され、現

在から将来を視野において構成されています。また各領域に共通する考え方として、科学の証拠依存性、理論性、暫定性や基盤となる好奇心、批判力などの理解の重要性を主張しています。さらに領域共通の課題として、水、食料、エネルギー、地球の4つのテーマを取り上げ、科学技術の智を総合的に活用して解決すべきものと議論されています。

「科学技術の智」の提示は出発点で、今後これを人々に共有してもらうことが課題です。

科学リテラシーの涵養のためには

「科学技術の智」の策定と並行して、当館においては、中期目標の実現に向け、外部の有識者に集まっていただき、人々の科学リテラシーの涵養に資する博物館活動の在り方について検討を行いました。平成20年2月に、その検討の結果を取りまとめ、中間報告（「科学リテラシー涵養活動」を創る）として公表しました。

中間報告では、10年後の社会を想定し、科学リテラシーを「人々が自然や科学技術に対する適切な知識や科学的な見方及び態度を持ち、自然界や人間社会の変化に適切に対応し、合理的な判断と行動ができる総合的な資質・能力」と定義しています。例えば遺伝子組換え食品や原子力エネルギーなど食料の安全性やエネルギーの供給に関する課題について私たちが判断をする場面が増えてきています。このように、科学技術に依存する社会において適切な知識と態度を持ってこれらの課題に合理的な判断ができる能力が科学リテラシーと言えるでしょう。人々の科学リテラシーを涵養することは、科学技術に関連する社会生活上の諸問題に対して私たちが適切に対応し、個人レベルと社会のレベルにおいても豊かに生きる社会を実現するために必要です。

さて博物館は資料を収集・保管し、調査・研究を行い、人々に対し展示し、教育をしています。科学リテラシーを涵養するためには、従来の博物館の社会的役割も見直す必要があります。科学技術の成果が私たちの生活の中に浸透し、人間社会そのものが変化していることや社会と科学との関係が変

化していることを想定して、科学系の博物館の役割を考え直す必要があります。変化する社会において人々が生涯にわたり幸福を享受できる社会を構築するために、科学系の博物館は社会における科学文化の成熟度を高め、教育、学術のみならず、生活、環境、産業、経済等の諸問題に対しても積極的に取り組む必要があります。また人々の社会参加を支援し、生涯にわたって自己実現を促す役割も考えられます。

　これらの社会的役割を踏まえ、人々の科学リテラシーを涵養するために、科学系の博物館、学校、研究機関などの多様な活動主体が連携して展開し、多様化する科学領域や世代に対応し、総合的な見方・考え方をはぐくむような活動を展開すべきです。豊かに生きることができる社会の実現に向けて科学系の博物館は重要な役割を果たずとの認識に立って、継続的に活動することが必要です。

科学者技術者を活かす
－日本の科学者技術者展を考える－

　日本の科学者技術者展が好評です。展示する科学者・技術者に関係する研究機関、大学や博物館、色々な関係者の御協力をいただいて、その人間像や業績を多角的に紹介できているためではないかと思います。

　この展覧会は、科学技術の発展に多大な寄与をした我が国の科学者・技術者で江戸時代以降に活躍した人物を対象に、年に2回程度のペースで実施するシリーズ展（企画展）です。物故された方120名程度を候補者としていますが、原則として、専門分野ごとに複数名のグループで展示し、あわせて講演会等を行うことにしています。

　近年、私達が子どもの頃いたく感動した伝記や偉人伝の類が見られなくなったように思います。残念なことです。子ども達がすぐれた科学者や技術者の人間像や業績に触れることは、科学技術を身近に感じられるようにする上で効果的であり、また、科学技術に関心を持ちロマンを感じ、科学技術活動に携わろうとする人材の育成につながる可能性もあります。展覧会はやや

専門的で、内容的には少し難しいかもしれませんが、数ページの小冊子を作成しお持ち帰りいただくなど、少しでも理解し易くする配慮をしています。

　また、展覧会で紹介した科学者・技術者について、その功績を讃えるとともに、より身近な存在となるように、一人一人の肖像（ブロンズ製レリーフ）を館内（地球館・中２階）に展示し、経歴、業績等をパネルで紹介しています。お持ち帰り用の葉書大の肖像入りパンフレットを手に展示を回る子ども達を見るとうれしくなります。

　なお、当館では、日本の科学者技術者シリーズ展と同様な趣旨で、巡回展「ノーベル賞を受賞した日本の科学者」（１３人）を実施し、全国の博物館等で活用していただいています。

　機会があれば、科学者や技術者の話を聞いてみたいと思う人が増加しています。科学理解増進活動を進める上で、周囲に科学技術について分かり易く話をしてくれる人の存在が大事です。また、優れた科学者・技術者の人間像や業績を知ることが科学技術を身近に感じさせることになります。それには、それらの業績が現在の科学技術にどうつながるかを展示の中で分かり易く示していけるかが、大事なポイントです。さらに工夫していきたいと思います。

自然に向き合う

　平成１９年度の科博・干支シリーズは、「亥」です。猪は、窮した時に突進する様を踏まえ、猪突猛進、猪武者等と使われ、「どうも猪は」ということになりそうです。一方、力強く多産であることから、猪にあやかり亥の子餅を食べ、無病息災、子孫繁栄を祈る「亥の子祝い」の風習もあったとのことです。

　当館では、平成１８年に、生き物文化誌学会と共催して「化け物の文化誌展」を開催しました。河童、天狗、人魚等の化け物は、昔の人には自然との接触から生まれた、実際に存在する生き物でした。明治近代化の中で否定されたこれら化け物に対し科学の目から光を当てた展覧会です。

昔の人は、自然界の不可解な現象を、姿の見えない化け物の仕業としてきましたが、彼らに雷や天狗といった具体的な名前や姿形が与えられたのは、江戸時代に知識が社会で共有されてからです。よく分からないことをひとまず形に表すことは、科学的思考に遊び心が加わったものですが、それは、見えないものを見えるようにするということにおいて、敢えて言えば、科学で仮説を立てることに通じるものがあるといえるようにも思います。化け物の存在が人々に身の回りの自然に関心を持たせ、探究させるきっかけになったのです。寺田寅彦は、随筆「化け物の進化」（昭和4年）において、幼少時に聞かされた化け物について、「日常茶飯の世界のかなたに、常識では測り知り難い世界がありはしないかと思う事だけでも、その心は知らず知らず自然の表面の諸相の奥に隠れたある物への省察へ導かれるのである」としています。

　生物の多様性、科学技術のブラックボックス化等、現代は、これまで以上に自然に謙虚に向き合い、自分の目で好奇心をもって物を見、考え、究明することが大切になっています。寺田寅彦は、「化け物がないと思うのはかえって本当の迷信である。宇宙は永久に怪異に満ちている。あらゆる科学の書物は百鬼夜行の巻物である。それをひもといてその怪異に戦慄する心持ちがなくなれば、もう科学は死んでしまうのである」、「科学の目的は実に化け物を捜し出すことなのである」と述べています。今こそ、この言葉をかみしめる必要があるように思います。

　科博・干支シリーズでも、人が猪をどう見てきたか、人間と自然とのかかわりの一端をご紹介できればと思います。

生物多様性の保全に寄与する

　当館は、自然史研究を進め、その一環として生物多様性国家戦略に基づき自然環境データの整備や野生生物の保護管理等の活動を行っています。例えば筑波実験植物園では、絶滅危惧植物について、系統、分類学的研究等を行うとともに、自生地での保全が難しい植物の園内での系統保全を行ってい

ます。また、絶滅危惧植物の問題や生物多様性の重要性について、人々に広く理解してもらうための活動を行っています。その一環として、毎年「消えゆく日本の植物－絶滅危惧植物展」と関連する講演会等を開催しています。

なお、平成２０年７月にはこの展示を活用して、兵庫県立人と自然の博物館と共催で科博コラボ・ミュージアム in ひとはく（「絶滅の恐れのある植物」）を実施しました。今後、各地の博物館等とこのような連携協働を進めていきたいと考えています。

日本列島にはおよそ 7,000 種類の植物が自生し、その中の 2,900 種類（約 40％）は日本だけに分布する固有植物です。自生植物のうち絶滅危惧種は約 1,700 種類（約 24％）、4 種類に 1 種類の植物が絶滅の危機に瀕していることに驚かされます。植物園では、現在、絶滅危惧種のうち約４２０種類を系統保全していますが、毎年、数種類を展示したりするなどして生物多様性の大切さを訴えているのです。

生物多様性は、生態系の多様性（様々な生態系があること）、種の多様性（様々な生物が存在すること）、遺伝子の多様性（同じ種類の中で遺伝子レベルで様々に異なること）の３つに分けて考えられています。豊かな生物多様性とは、自然環境が生態系、種、遺伝子の各レベルで健全に保たれている状態を意味します。全ての生物は、食物網等お互いに関係しあう生態系の中で一緒に生きており、豊かな生物多様性は、人類を含む全ての生物の生存基盤です。この３つの多様性は、ピラミッド構造をしており、遺伝子の多様性が崩れると、その上の種の多様性、そして人類の生活を含む生態系の多様性が崩れてしまいます。

絶滅危惧種を守ることは、生物多様性を守るわかり易い活動であり、それは人類を含む生物の生命を守ることになります。生物多様性には、私達人間が直接、間接に関与し、大きな影響を与えています。当館は、人々が生物多様性の大切さを知り、その保全のために何が必要か、何をできるかを考える場でありたいと思います。

なお、動植物について絶滅危惧種を地球規模でみると、1900 年から 1960 年にかけては年１種類であったものが、1960 年から 1975 年にかけては、年 1000 種類、そして 1975 年以降は年 40,000 種類と一気に増加しているとのこ

とです。現代はまさに、生物多様性の危機のさなかにあるということができます。当館の役割も重いといえます。

多様な観点からのアプローチを大切にする

　当館と上野動物園は、平成18年3月と5月に自然史セミナーを共催しました。テーマは、それぞれ「哺乳類の泳ぎ」、「動物の歯と食べ物」です。例えば後者は、生物が進化の過程で食べる物を選択し、それに適した形状に体を変化させてきたことから、陸上哺乳類について、双方の専門家の解説を聞きながら、骨格標本等を見学し、生きた動物の動きを観察し、形態、機能の両面から歯と食べ物の関係について考えるものです。

　一方、東京国立博物館と上野動物園は、平成18年8月にガイドツアーを共催しました。展示室、動物舎の前で、展示中（若冲と江戸絵画展）の美術、工芸品に登場する動物について、双方の専門家によるギャラリートーク、スポットガイドを行いました。

　これらの実績を踏まえ、平成19年5月に3館園が共催で、ライオンを切り口としてセミナーを実施しました。まず、朝、動きが活発なライオンを専門家と共に観察します（上野動物園のインドライオン）。そして、専門家と一緒にライオンの剥製や頭骨標本、ライオンの先祖の標本を観察し、ライオンの形について考えます（当館のライオンの強さの秘密に迫る）。また、表慶館入口のみどりのライオンや陳列館の沢山の獅子を辿りながら、ライオンに込められた人々の畏敬の念についてレクチャーを受ける（東京国立博物館の獅子とライオン）というものです。

　これらの連携事業は、一つのテーマについて各館園が専門的見地からアプローチするものです。あまり興味がない博物館にもあるいは、動物園にも関心を持つきっかけになり、また、博物館や動物園の新しい楽しみ方を知ってもらおうとの趣旨です。主たる対象は、もっと来館してもらいたい中高校生ですが、残念ながら、参加者多数とはいえませんでした。

　そもそもある事象について、科学や美術等色々な観点から、科学も形態

や機能等様々な面から見たり、聞いたり、疑問を発したりすることは、それ自体が楽しみであり、新たな発見をしたり、理解を深めることにつながります。多面的、多角的なアプローチは、物事を総合的に把握するために大切です。中高校生にこのような機会をできる限り提供していきたいと思います。3館園の連携事業は、テーマの設定や実施方法等課題も多いのですが、平成20年はゾウをテーマに実施し、今後も継続していくことができそうです。

　なお、当館は、上野動物園の協力を得て、「共通ミニガイド」を試作しました。動物の解説、剥製の展示場所、飼育場所を示したものです。

幅広く旬の情報を発信する

　科学技術創造立国であるためには、人々が科学に興味関心を持ち、科学を理解できることが大切です。博物館は、科学の基本的理解や新たな動向等について、人々が楽しみながら学習できるようにすることを求められています。

　当館は、自然史や科学技術史に関する資料を収集・保管し、自ら研究するとともに、その過程や成果を研究者等に提供するとともに、展示や教育活動等を通して広く人々に公開しています。

　それだけでなく、当館は、広く自然科学の分野について現在行われている研究の過程や成果等について、大学や研究機関、それらに属する研究者等の協力を得て情報を収集し、整理し、加工し、分かり易い形で人々に情報を発信しています。例えば現に話題になっている事柄のホームページや展示による紹介（ホットニュースやニュース展示）、大学のアウトリーチ活動を支援することでもある先端的な研究成果の展示や講演（発見！体験！先端研究＠上野の山シリーズ）、自然と科学の情報誌「milsil」の発行等です。

　この種の活動は、当館の国立科学博物館という名称から受ける一般的なイメージとしての「科学」と当館が資料を収集し研究する分野とのギャップを埋める活動ともいえるものです。そもそも当館は、自然科学とその応用に関する調査研究、これらに関する資料の収集・保管と公衆への供覧等を行う、

幅広い活動ができる施設です（独立行政法人国立科学博物館法第３条）。この観点からいえば、この種の幅広い活動は、科学を文化として味わう気風を醸成し、社会の文化化に寄与することを期待される博物館に今後求められる活動といえると思います。

　いずれにしても、当館は、動物学、植物学、地学、人類学、理工学の領域からのアプローチにより、人間が人間を取り巻く世界をいかに理解し、説明し、係わりあってきたか、どう係わりあっていくかを考えるに際し必要な過去、現在、未来に関する情報を、あまり分野にとらわれることなく幅広く発信することに力を注いでいます。そのため、先端的な研究をフォローし、ホームページや展示・教育活動等を通して情報を発信し、研究者と人々の間のコミュニケーションを促進できるような機動的な対応を心がけています。

子どもは理科離れ？

　我が国のこれまでの知識伝達中心の記憶重視の教育では、理科が楽しいと思う子どもも、理科が生活に重要であると思ったり、将来科学的な職業に就きたいと思う子どもも育ちにくく、また、知識は豊かでも、思考力、判断力や表現力が十分でない子どもが生まれがちです。このような状況は、次第に改善されてきていますが、国際教育到達度評価学会（IEA）が実施したTIMSS2007（２００７年の国際数学・理科教育動向調査）によると、「勉強が楽しいと思うか」という質問に対し、「そう思う」「強く思う」と答えたのは、算数（数学）が小４で７０％、中２で３９％、理科が小４で８７％、中２で５８％と学校段階が進むと大幅に減っています。また、「強く思う」と答えたのは、算数（数学）が小４で３４％、中２で９％（国際平均をそれぞれ２１％、２６％下回る）、理科が小４で５７％、中２で１８％（国際平均をそれぞれ２％、２８％下回る）で、前回調査（TIMSS2003）よりは改善されているとはいえ、国際的にみると最低の水準にあります。なお、いずれの科目、学年とも、平均得点は前回調査と同じかやや上回り、順位は前回調査並みの３位〜５位でした。

このような「興味・関心は薄いが、試験の成績はいい」という状況を理科離れというかどうかは別として、理科の教育内容を充実し、身近な疑問に応え、子どもの好奇心を伸ばし、問題意識をもって物事を深く知ろうとする意欲を高めることが重要です。そのため、観察、実験、工作等の活動をもっと強化する必要があります。これにより、なぜ、どうしてという子どもの疑問に答え、こどもの理解を深めることができます。

　また、教員の質を高めることも重要です。教員は、この子どもに今何が必要か、そのために何をすべきかを考え、基礎基本を徹底して教えて多く考えさせることです。この観点からも、実験、工作等考える要素をふんだんに含む活動が必要です。小学校教員に文科系を希望していた者が多い現状を考えると、理科を担当する教員の力量を高める研修等の充実、工夫が望まれます。

　経済産業省が平成18年1月に公表した「進路選択に関する振返り調査」では、理工学系統に在籍する学生は、小中学校時代に、「理科の実験が好きだった」「機械や物づくりに関心があった」という割合が全体平均より10％以上高くなっています。小中学校時代の体験が大学の専門分野の選択に影響する傾向が見てとれます。

　このことも踏まえつつ、学校教育において、博物館等の用意する体験活動がもっと積極的、組織的、計画的に活用されるようにする必要があると思います。そのため、当館としても、教育課程や教育内容に沿った体験的学習活動の開発を行っていきます。

PISA２００６から

　OECD（経済協力開発機構）が５つの国・地域の１５歳児約４０万人を対象に実施した学習到達度調査（PISA）２００６の結果が、平成１９年１２月に公表されました。

　PISAは、２０００年から３年ごとに実施している国際調査で、義務教育終了段階の子どもが習得した知識・技能を実生活の様々な場面でどの程度活用できるかを、三分野について調べるものです。

分野別に、我が国のOECD加盟国中の順位と得点を２０００年、２００３年、２００６年の経年でみると、科学的リテラシーは２位→２位→３位、５５０点→５４８点→５３１点（調査の枠組みが刷新されたため経年比較はできないとされています）であり、国際的にみて上位グループに属しています。数学的リテラシーは１位→４位→６位、５５７点→５３４点→５２３点であり、OECD加盟国平均より高得点グループに属しています。読解力（資料を読み解く力）は８位→１２位→１２位、５２２点→４９８点→４９８点であり、OECD加盟国平均と同程度です。

　このように我が国の子どもは、参加国・地域数の増加があり単純な比較はできないものの、回を追うごとに順位、得点とともに低下傾向にあることは否めません。２００６年調査に関して各種のメディアは、学力低下に歯止めがかかっていないとの趣旨で報道していました。

　また、生徒の質問紙調査票からは、科学に関する全般的な興味関心や科学の楽しさを感じている生徒の割合が低く、OECD加盟国平均と比べ、前者は調査８項目中６項目が下廻り、後者は調査項目すべてが下廻っています。これは、理科の授業に対する生徒の認識調査で、対話を重視した理科の授業や観察実験等の体験を重視した理科の授業等を受けている生徒の割合が、OECD加盟国と比較して著しく低いことに関係していると思います。加えて、科学に関連した職業に就くための準備として基礎的な技能や知識を学ぶなどの学校の有用性に関する生徒の認識の水準は、国際的に低いことにも関係があると思います。

　PISA２００６の結果は、近年実施された各種学力調査の結果と基本的な傾向を同じくするものであり、基礎的・基本的な知識・技能を実生活で活用する能力や学習に対する意欲や態度に課題があることが改めて確認されました。これらを踏まえて理科教育の改善が進められていますが、博物館においても、体験的学習等を通じて子ども達の科学への興味関心を引き出し、それが将来にわたって持続するような活動に努めていきます。

対話型の科学教育が大切

　科学技術は経験的に実証可能な知識の体系として人間の文化を担い、これまで様々な課題を克服してきました。この営みを人々に伝え、その教育的意義を考察するのが科学教育です。

　科学教育は教育という営みでもあります。教育基本法では教育の目的を「人格の完成を目指し、平和で民主的な国家及び社会の形成者として〜中略〜国民の育成を期する」としています。科学教育の目的には、将来の科学者等を育成するとともに、科学技術を専門にしない人たちに対し、科学的な素養を身に付けて、豊かに生きることができる社会の形成者として育成することも含まれます。

　近年、科学技術がもたらす成果が生活の中にあふれ、生活の質が向上し、以前に比較し様々な場面でその役割の重要性が高まっています。その中で、生命倫理問題や遺伝子組換え食物等に見られるように、一般の人々が直接関係し、対応や判断を迫られる場面が増えてきています。またＢＳＥ感染牛の問題など、社会の中で取り扱われる科学的諸課題は、科学者等の集団だけでは判断ができなくなりつつあります。社会の構成員の合意に基づいて科学技術の在り方を考える必要があります。

　一方、近年の理科や科学技術に対する人々の理解度と意識に関する国際的な調査によれば、日本の児童生徒の理科に関する理解度は概ね国際的に上位に位置しますが、関心度は学校段階が高くなるについて低くなる傾向があります。成人の科学技術に関する基礎的知識は国際的に低く、その関心度も必ずしも高くありません。これは就学期間における理科の知識や経験が成人段階において定着していないことを示しています。また理科等に対する興味関心が低い状況であることも科学教育の重要な課題です。

　私たちは科学技術と教育という営みのはざまに立ち、両面から課題を探っていく必要があります。まずは、私たちが日頃から科学技術やその課題について興味・関心を持ち、自らの問題として意識していくことが科学技術の健全な発展と人々の科学的な素養の育成に貢献するものと考えます。

子どもの頃に理科に対する興味・関心を高めるとともに、それらを持続させ、成人においても科学技術との長期的な関係性を構築・維持する必要があります。そのためには、日頃から科学技術について一般の人々に分かり易い形で情報提供を行うとともに、一般の人々の科学技術に対する見方や考え方、問題意識等を科学技術に携わる者に伝える必要があります。このように科学技術と社会との双方向的な交流を図り、科学技術が文化として社会により一層根付くことを目指すのが、現代社会における科学教育の在り方です。

科学教育で感性を豊かに

　理科離れ、科学離れとよく言われますが、子ども達の理科や数学の成績は、国際的にみて上位にあります。ただ、理科や数学の勉強が楽しいと思う子どもの割合は、国際平均をかなり下廻ります。
　他の教科との比較では、理科の勉強が好きという子どもの割合は高いものの、理科の勉強が大切という子どもの割合は低いのです。子ども達は、理科を勉強することに意義を見出せない状況にあるわけです。
　これは、理科の勉強が普段の生活や社会に出てあまり役立たないと思っている子ども達が多いこと、将来理科の勉強を活かした仕事をしたいと思っている子ども達が少ないことなどに、少なからぬ原因があると思われます。子ども達が成長し、社会との関係性が強くなると、このような理科の有用性への疑問が高くなり、理科に対する興味は、小学５年生をピークに低下の一途をたどり、高校１年生で最低レベルになります。そのままの状態で３０歳代まで推移し、４０歳代になってようやくやや回復します。これは、子どもが小学校高学年に達する親の世代であること、社会に対する広い関心が要求される社会的地位につく世代であることなどが関係していると思われます。
　理科を中心とする科学教育は、考える力や探求力を育むために効果的であり、日常生活において科学を身近なものとするために大切です。また、社会における科学の発展等社会的な側面からも必要です。
　理科の魅力は、観察したり実験したりする身体を使う活動にあります。科

学的事象に出合ったときの喜びや自分の生活に結びついた科学的な活動をすることで、その魅力は一層増します。

　ところで、このように魅力ある活動を通して、子ども達は珍しい発見をし、不思議に驚き、美しさに感動するなど色々な経験をします。この多様な経験の積み重ねが豊かな感性を育んでいきます。これは、生来備わった感性ではなく、様々な体験等により磨かれた感性とでもいうべきものです。あるいは、生来の感性が体験等により磨かれたものということもできます。このような感性があって、子ども達は、科学に関心を持ち、好奇心がわき、これを知りたい、もっと知りたい、自分もやってみたいという気持が育っていきます。知識への要求が増し、知性が育っていくのです。

　こう考えると、科学教育は、人として不可欠な感性と知性を育てていくためにもたいへん重要であることが納得できるように思います。

子どもを博物館へ
　　　－博物館の達人、野依科学奨励賞－

　毎年度、３月に野依科学奨励賞の授賞式を行っています。受賞者は、２００１年ノーベル化学賞受賞者の野依良治博士から表彰を受け、お話を聞き、またサインをいただき一緒に記念撮影等をすることにより、感激し、強い刺激を受け、大きな励みになっています。この制度は、博物館の達人と一体的に運用しています。

　子ども達の科学への興味関心を育てるためには、なぜそうなるかなど見えないものを見えるようにし、科学を理解できるように工夫することが必要です。また、科学に美しさや不思議さ等を見出す感性を育て、どうして、なぜという好奇心を引き出し、もっと知りたいという意欲を持たせることが大切です。

　博物館は、これに応えて、子ども達を科学に結びつけ、親しみ易い身近なものとし、科学への夢やロマンを伝え、創造性の芽を育てます。博物館は色々と面白いものがある、楽しい場所であることを知ってもらい、繰り返し

来館して欲しいと思っています。

　当館はそのような思いを込め、平成14年度から博物館の達人という事業を行っています。小・中学生が全国いずれかの科学系博物館、科学館、動物園、植物園、水族館等を10回利用し、その記録に感想文か小論文を添えて当館あてに応募すれば、博物館の達人として認定されます。継続すること、努力することの大切さを子ども達に知ってもらいたい、大人にはそれを助けてもらいたい、そういう意味も込めた制度です。

　博物館の達人に認定された小・中学生のうち優れた小論文を提出した者を表彰するのが野依科学奨励賞であり、同じく平成14年度から行っています。小論文は、博物館の展示や講座等を通して学習を進め、自然や科学技術について調べた成果をまとめたものであり、子ども達の自発的な探求活動を讃え促すものです。

　なお、同賞では、子ども達の科学する心を育てる実践活動を奨励するため、優れた実践報告書を提出した教員や科学教育指導者の表彰も行っています。

　子ども達の来館促進には、学校や家庭の協力が不可欠です。授業として来館した子ども達が再び訪れたくなるような活動を、学校と連携協働して作り上げていくことが必要です。そのため、わくわくすること、楽しいことを活動の中に入れることが肝要だと思います。

体験活動を地域で組織化する

　子ども達は、自然体験、文化体験、社会体験等色々な経験を重ねて、実際の生活や自然の在り方を学び、それを生きた知恵として身につけ、人間として成長していきます。子ども達がこのような機会を日常的に持つことは困難であり、学校教育において体験活動を計画的に実施することは、重要な課題となっています。学校教育法では、このことにかんがみ、教育指導を行うに当たり体験活動の充実に努めるものとされています(第31条)。

　これとともに、地域社会が学校教育ではカバーしきれない子ども達の体験活動の機会を作っていくことが望まれます。多様な体験活動の機会を提供

し、体験活動をすべての子どもの生活に根付かせることです。

　青少年に対し体験活動の機会を提供する事業の実施やその奨励に関することは、市長村教育委員会が行う事務です(社会教育法第５条第１２号)。実現には多大の困難が伴いますが、市町村等が関係機関と連携しつつ積極的に提唱し、例えば小学校区単位で、地域の人々を巻き込んでグループを作り、その自発性や主体性を大切にして任せる形で、体験活動の企画、運営をしていくのが理想的です。このような地域ぐるみの体験活動は、目的意識を共有する大人達をも結びつけ、共同作業や相互扶助等を通して地域の教育力の再生へとつながっていくことも期待されます。体験活動を通じた子ども達の試行錯誤や切磋琢磨を大人達が見守り支援することが大切です。大人達の姿勢や行動からあるいは異年齢の仲間から、子ども達が学ぶことも少なくありません。

　子ども達の体験活動において、博物館は重要な役割を果たすことができます。博物館には、実物を見たり、触れたり、動かしたりする体験型の展示があり、観察、実験、工作等体験を重視した実物による教育活動があります。学校では実施が難しい体験活動を通して、感動し、疑問を発し、考えを深め、学習した内容を自分の経験に関連づけて確かなものにできます。モノの魅力に加え、考えるという要素をふんだんに含んだ体験活動により、新しい世界を開くことができるのです。

　子ども達の学力向上が叫ばれているときこそ、「体験によって学ぶ」ことの重要性を再確認する必要があります。

大人の科学知識は？

　子ども達の理科離れが懸念されています。これには、私達大人特に20代、30代の科学への関心の薄さや知識の不足が影響し、拍車をかけているのではないかとも思います。

　科学技術が複雑、高度化し、その成果は身のまわりにあふれています。私達は、それをたくみに使いこなすことはできますが、その背後にある科学技

術については完全にブラックボックスになっています。科学技術を理解することはなかなかできないし、科学技術に興味、関心を持てないという状況になっているのです。

このような状況は、OECD諸国においても同様であると思われますが、科学技術政策研究所が1991年と2001年に実施したOECD諸国との比較調査では、我が国の場合、科学技術に対する一般市民の理解度と関心度が他国に比して著しく低いのです。２００１年調査によれば、科学技術に関する基礎概念の理解度を測る１１問の５４％で、１３位です。科学技術に注目あるいは関心のある甲州の割合は４％、２３％であり、世界的にみて低い状況です。科学技術に無関心、無理解な社会は、国際的な課題である持続可能な社会を目指すために決して好ましい状況とはいえません。

これには様々な理由があるのでしょうが、従来の我が国の学校教育が「知識を教え込む教育」で、物事を深く理解するよりも記憶量を増やすことに力が注がれがちであったため、当然、疑問を発し、解決する力において十分でなかったことも、その要因でしょう。また、理科の勉強は好きだが、普段の生活や社会に出てあまり役立たないと思って勉強している子どもが多く、これでは、科学知識が在学期間中の一時的なものとなり、社会へ出ると科学技術への関心が薄れてしまうのもやむを得ないと思われます。そして、科学技術活動に携わる人が科学技術について一般の人に語りかける、いわゆるサイエンスコミュニケーションが十分でないなど科学技術に接する機会が乏しいことも、その一因といえるでしょう。

それはそれとして、私達大人は、生涯学習の観点に立って、科学に関心を持ち、知識を蓄え、ブラックボックスに対しても考えるという習慣を身に付けることが必要ではないかと思います。特に、子ども達の色々な質問や疑問に対して一緒に考える、調べる、話し合うということが極めて大切です。

私達大人がまず自分自身の科学離れを反省し、科学と真摯に向き合うことが必要であると思います。当館は、そのお手伝いをしていきます。

大人を博物館へ

「科博は大人の博物館である」と言われます。常設展示が大人も堪能できるとの趣旨であり、事実大人の来館者が随分増えました。

多数の良質の標本資料を中心に展示したこと、最新の研究成果にできる限り配慮していること、パネルをできる限り少なくし、必要な解説等は情報端末で行うなど、美的で豊かな展示空間を演出したこと、標本資料にじっくり向き合い、自然の豊かさや人類の知恵を感じ取り、人間と自然との関係を考えるなど、展示のメッセージ性に配慮したこと、研究者によるディスカバリートークを行っていることなどが特色です。これらを通して、大人も知的刺激を受け、十分楽しめるとの評価をいただいているものと思います。

常設展示とともにご覧いただける展示に企画展があります。企画展は年に１０回程度行うので、ほぼ年間を通して何らかの展覧会があるといえます。内容は多岐にわたりますが、おおむね大人向けの展示です。

また、年に３回程度行う特別展は、内容によって程度の差はありますが、大人も子どもも楽しめるようにしています。特別展の入場者は常設展示や企画展もご覧いただけます。

今後は展示だけでなく、教育活動についても、大人が参加できる活動を質量ともに充実していきます。今、大学で学ぶシニアが増えています。内容とともに知的な雰囲気が人気を呼んでいるようです。当館には、大学にない展示資料があります。展示見学等を取り入れた講座を一定期間継続して行うなど、博物館ならではの教育活動が考えられます。

このように当館は、展示・教育活動の双方において生涯学習の場として、子どもはもちろんのこと、大人も広く利用できる博物館を目指しています。「大人を博物館へ」のキャッチフレーズに負けない活動を行うことはもとより、人々の心に響く広報を心掛けます。特別展や企画展はもとより、常設展示においても、個々の展示物や展示物群等の魅力が口コミでも伝わるような簡潔な紹介を考えていきたいと思います。

大人の出前講座を考える

少而学則壮而有為　壮而学則老而不衰
老而学則死而不朽

　江戸時代の儒学者佐藤一斎の言葉です（言志晩録）。
　生涯にわたる学習の大切さを説いたものですが、実践するとなるとなかなか難しいものがあります。大量生産、大量消費に象徴される豊かな社会で、私達は、ややもすると易きにつき、努力を怠りがちです。努力することを必ずしも評価しない社会的風潮が子ども達にも影響し、子どもの知識の軽視や学習意欲の減退を助長しています。私達の責任は重いといわなければなりません。
　その中で、公民館やカルチャーセンター等では年配の人達を中心に、音楽、写真、歴史探検等色々な講座が活況を呈しています。自発的に学ぶことを通して、仲間同士の心がかよいあい、精神的なセーフティネットも作られるようです。ただ残念なことに自然科学系の講座は、ほとんど見当たらないようです。
　当館の来館者をみても、４５歳以上の年齢層が少ない状況にあります。平成１９年度来館者満足度調査によると、来館者の最も多い年齢層は３５～４４歳で２１.７％ですが、４５～５４歳は１１.５％、５５～６４歳は４.８％になっています。子どもを連れて来ていた人達が来館しなくなるためと思われます。この年齢層は、公私ともに忙しい世代ではありますが、科学に対する関心が上向き出す年齢層です。４５歳以上をターゲットとする魅力的な取組みを強化していく必要があります。
　その一つとして、これまでの活動経験を生かし、公民館やカルチャーセンター等に講座を開設してはどうかと考えています。当館の研究者だけでなくOBや企業等の退職者等を講師とするのも一案です。いわば大人版の出前講座です。小・中学校等の出前講座を行っていることでもあり、是非実現したいものです。

身体障害者を招待する

　当館は、平成19年度に190万人ものお客様にご来館いただきました。多くのお客様の中には、高齢の方や乳児をお連れの方、そして、身体に障害をお持ちの方がおられます。博物館・美術館等の施設では、そういった方たちが展示観覧や館内移動に支障をきたすことがないよう、障壁のない状態、いわゆるバリアフリー化されていることが大切です。当館は、日本館が昭和6年竣工の重要文化財建造物であり十分とはいえないものもあると思いますが、設備等様々な点でバリアフリーを実現しつつあります。近くオストメイト（人工肛門・人工膀胱の保有者）対応設備についても設置を行うことにしています。他方、65歳以上の高齢者や障害者は無料で入館できることにしています（付き添い1名は無料）。

　しかしながら、障害をもつ勤労者については、仕事の都合等により、来館できるのは土日曜日や祝日に限られることが多く、設備や制度的なバリアフリーがなされていても、混雑等の影響で充分に観覧できないことがあり得ます。そのような状況に対して、館としてどのような対応ができるのかを検討し、平成19年から、障害をもつ勤労者を対象に展覧会に招待する見学会を、年に数回、三菱商事株式会社との共催で実施しています。

　具体的には、土曜日の閉館後に見学会を実施することで時間的な都合・混雑等の回避を行いました。平成19年12月の第1回目の見学会では日本館の展示を、平成20年6月の第2回目の見学会では地球館1階～3階の展示（1階：地球の多様な生き物たち、2階：たんけん広場、科学と技術の歩み、3階：たんけん広場、大地を駆ける生命）を、それぞれご覧いただきました。約2時間の見学会ですが、日本館講堂において当館職員によるオリエンテーション、館の展示等について説明し、その後、三菱商事の社員ボランティアと一緒に展示をご覧頂き、たいへん好評でした。第1回、第2回とも、約120名の方の参加があり、ボランティアとして協力していただいたのは13名でした。

　第3回の見学会は、平成21年1月に行いました。参加者は約150名、ボランティアは21名でしたが、アンモナイトの模型づくりを体験していただきました。これまでの参加者やボランティアの意見や希望については、今

後の運営に活かしていきます。

　当館のキャッチコピーは「想像力の入口」です。障害をお持ちの方の「想像力の入口」が狭くなることがないよう、今後とも展示環境の整備を行い、観覧機会の充実を図っていきたいと考えています。広く御協力を頂ければ幸いです。

リピーターを増やす

　平成17年度来館者満足度調査によると、当館にこれまで来館したことのある人は50.9％、1年に1回以上来館しているリピーターは24.6％です。日頃から科学に関心を持ち、リピーターとして当館をしばしば利用する人が増えることは、望ましいことであり、その口コミ等による宣伝力にも期待が持てます。リピーターの確保は、博物館共通の課題です。
　来館の主な目的は、初めて来館した人もこれまで来館したことがある人も、8割以上が展示を見るためです。常設展示について、関連するミニ展示やギャラリー・トークを実施するなど、何か新しい発見があるよう、その魅力を高めるとともに、企画展を一層強化することが重要です。また、アメニティ的な要素、館全体の雰囲気が大切で、何となく来館した人も含めそれぞれの来館目的が達成されるよう、何はともあれ来て良かったと思っていただくことが基本です。
　初めて来館した人の来館の主なきっかけは分散しているのに対し、リピーターは、以前来たという来館体験に集中しています。リピーターの確保のためにも、初来館者にいかに満足してもらうかが大切です。
　ところで、初めて来館した人は、全体の満足率が95％であるにもかかわらず、再来館の意向を持つ人は31％弱です。一度の来館では味わい尽くすことのできない当館の魅力や楽しみ方をどう伝えるか工夫を要します。テレビ・ラジオ、新聞、雑誌、インターネット等を通じて、適時に、常設展示等の新たな見所や色々な楽しみ方等を訴えかけ、それがきちんと手元に届くようにしなければならないと思っています。

再来館を促す制度にリピーターズパスがあります。年会費１０００円（入館料は６００円）で何度でも無料で入館できます。あの展示を見たい、一度では全部見られないという要望に応えて、平成１９年４月に制度化しましたが、利用者が増加し９３００人ほど（平成２１年１月末）になっているのは、うれしいことです。

友の会を考える

　一口に友の会といいますが、その活動内容や運営方式は博物館により異なります。活動の内容でみると、会員が主体となってイベントを行う、あるいは館のイベント等を共催、支援するなど、館をサポートする活動を行うかどうかで大別できます。運営方式は、会員が自主的、自律的に運営するかどうかに大別できます。

　当館の友の会は、館をサポートするような活動を行っていません。友の会は、会員となることにより当館との結びつきを深め、自然科学をより身近に楽しんでいただくために設けられています。自然科学に興味関心の強い人だけでなく、自然科学についてこれから学びたい人や子どもと共に学ぼうとする人等できるだけ多くの人に会員になってもらいたいと考えており、会員が様々な特典を享受できるようにしています。友の会のこのような活動内容から、友の会の運営は、当館（科学博物館後援財団）の職員が行っています。

　会員には、小中高校生会員、個人会員と家族会員があり、平成２１年１月末の会員数は、それぞれ１１６人、１，６１６人、１，８９７組（５，３３０人）です。会費は、１年を単位とし（１年会員）、小中高校生会員が２，０００円、個人会員が４，０００円、家族会員が同居の家族２人で５，０００円（会員の追加は一人当たり１，０００円増）です。後二者には２年会員もあります。

　会員の特典は、①当館に無料で入館できること、②特別展に無料で入場できること（各特別展につき１回）、③隔月刊行の自然と科学の情報誌「milsil」とイベント情報誌「kahaku event」が送付されること（イベントへの優先参加は行っていません）、④ミュージアムショップでの買い物が１割引になる

こと、⑤館内のレストランの割引があること、⑥音声ガイドPDAの利用料金が２回目から無料になること、以上です。

　友の会は、受益者としての性格が強いのですが、リピーターが多く、また、博物館を良く知っている人が少なくなく、会員は、利用者の代表ともいえる貴重な存在です。また、会員は、東京、埼玉、神奈川、千葉が多いのは当然ですが、各都道府県に万遍なく及んでいます。当館は、このような広範、多様な会員を通して、利用者の立場から館活動に何を求めるのかを知り、これを運営に活かすとともに、館と利用者のきずなを深める中心的な役割を果たしてもらうことを期待しています。引き続き、館をサポートするボランティア制度とともに、友の会制度の効果的な運用を考えていきたいと思います。

観覧マナーを高める

　博物館は、子どもから大人まで多くの人々が展示に触れ、感動し、好奇心を抱き、知識を得る公共の場です。多様な興味関心を持つ人々が楽しみながら展示と対話し、想像力の翼を拡げることができる雰囲気が大切です。そのため博物館には、すべての観覧者に快適な時間と空間を提供することが求められます。

　他方、観覧者には、展示場での大声の会話を控えるとか、展示を見るのに割り込んだりしないなどの観覧マナーが求められます。展示物を乱暴に扱ったり、展示場内を走り回ったり、飲食したりすることが許されないことは、当然です。一般論でいえば、観覧者はできる限り他人にわずらわされることなく観賞したいものであり、その妨げとなるような人に不快感を与える行為は、観覧マナーが悪いということになるのでしょう。ただ大事なことは、博物館は本来大勢の観覧者がいる所で、自分だけの思いを実現できる場所ではないということです。

　お互いに周囲を意識し、譲り合ったり、まあまあと認め合ったりすることも必要です。

　要は、程度問題ということになってしまいますが、特に団体で来館する

幼児、園児や児童、生徒の観覧マナーに対する苦情が少なくありません。騒々しさ、飲食等に対するもので、外国人からの指摘が多いのは、残念です。幼児期から児童期における博物館体験は、科学に興味関心を持ち、生涯にわたってこれを持ち続ける上で大変重要であり、積極的な来館が望まれます。ただこれら団体の引率者には、観覧に必要な最低限のマナーを子ども達にあらかじめしっかり教えておいて欲しいのです。このような事前の指導を促す観点、可能であれば飲食や休憩場所の提供の準備の観点等を考え、学校や子ども会等の団体（20人以上）の来館については、平成20年1月から事前登録制をとることにしました。子ども達を指導する立場の引率者には、事前登録のルールをぜひ守ってもらいたいものです。

　また、同年4月から、安全面も含めてアメニティーの向上のため館内にお客様サービスに関する専任のスタッフを配置し、適宜巡回し、お客様の相談や要望に配慮することとしています。その一環として観覧マナーに対するアドバイス等も必要に応じて行います。すべての観覧者に満足していただくことは不可能ですが、当館は、観覧マナーの向上を求める一方、自ずとそれが守られるような取組を工夫していくことも大事だと思っています。

Ⅰ-3. 経営に努力し、社会の支援を得る

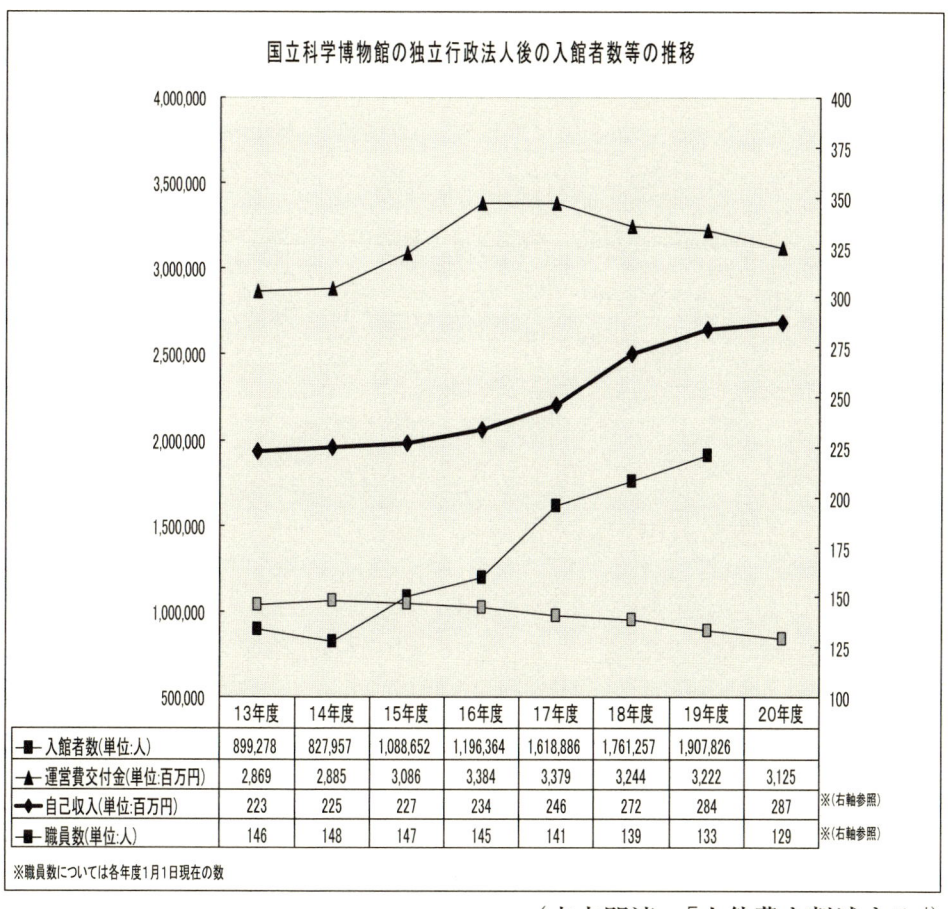

国立科学博物館の独立行政法人後の入館者数等の推移

	13年度	14年度	15年度	16年度	17年度	18年度	19年度	20年度	
─■─ 入館者数(単位:人)	899,278	827,957	1,088,652	1,196,364	1,618,886	1,761,257	1,907,826		
─▲─ 運営費交付金(単位:百万円)	2,869	2,885	3,086	3,384	3,379	3,244	3,222	3,125	
─◆─ 自己収入(単位:百万円)	223	225	227	234	246	272	284	287	※(右軸参照)
─■─ 職員数(単位:人)	146	148	147	145	141	139	133	129	※(右軸参照)

※職員数については各年度1月1日現在の数

(本文関連:「人件費を削減する」)

運営費は縮小の方向

　当館全体の運営に要する経費（運営費）は、人件費と物件費に大別され、また、物件費は調査研究や展示、教育活動等の業務経費と光熱水料を始めとする一般管理費に分かれます。狭義の人件費は約４割ですが、物件費である一般管理費のうち人に係る経費を含めた広義の人件費は６割弱となっており、当館の運営費は固定的かつ義務的な経費の割合が高いといえます。人件費や物件費である一般管理費の重点的な削減が独立行政法人に共通の課題です。当館も鋭意取り組んでいますが、自然史、科学技術史の中核的な研究機関であることから、研究者や支援研究者等の広義の人件費の削減には自ずと限度があります。

　当館の運営費は国からの運営費交付金収入と入館料等の自己収入で賄われており、前者が９割を占めています。国立文化財機構や国立美術館等と同様に自己収入の増加が課題です。当館は、研究機関としての性格を持つことに加え、利用者の35％程度が入館料無料の子どもであり、また、大人についてもできる限り低廉にとの要請がある状況下で、独立行政法人として収入の途を拡げ自己収入増を図る努力は当然ではありますが、その割合を高めることには限界があると思います。

　各年度の運営費及び運営費交付金、自己収入は、国の予算において決定されますが、運営費交付金は、運営費から自己収入を差し引き算定されます。このことは当然のようにも考えられますが、運営費の規模を拡大しない限り、自己収入を増加させても運営費交付金は減るということになります。しかも、運営費交付金の算定に当たっては、「運営費交付金算定ルール」により、対前年度比で、管理効率化係数3.2％減（第１期中期目標期間中は毎年度１％減）、業務効率化係数1.03％減（第１期中期目標期間中は毎年度１％減）、自己収入政策係数１％増（但し、国の予算編成時においてこれ以上の係数となることが多い）等の条件があり、運営費交付金は右肩下がりが前提とされています。このように、運営の効率化が求められている中においては、自己収入の大幅増がない限り運営費の規模拡大は困難であり、むしろ縮小の方向にあるといえます。なお、運営費交付金は、従来の事業とは別の新規、拡充事業に

ついては特殊業務経費として増額を図ることが可能ですが、国の厳しい財政状況の下にあっては、増額は極めて厳しいのが現実です。

　また、運営費については、その性格上、運営費交付金の算定と関連づけることができない外部資金を含めていうことがあり、その場合の運営費は、運営費交付金、自己収入と外部資金から成り、運営費交付金の割合は８割強となっています。

　運営費の規模を拡大するには、外部資金の拡充によるのが実際的であり、当館も、大学と同様に科学研究費補助金間接経費などの競争的資金、受託研究費、寄附金等の獲得に努めており、新規事業の多くがこれに支えられているといえます。

最大限の経営努力をする

　独立行政法人は、その運営において独立採算制を前提としておらず、国が所要の財源措置を講ずることとなっている独立行政法人が多数を占めます。当館も、業務運営の財源に充てるために必要な経費が運営費交付金として毎年度交付されます。

　運営費交付金は、政府の予算に計上され、国会の議決を経ますが、使途の内容が特定されません。いわば「渡し切りの交付金」であり、法人の弾力的、効率的な財務運営を期待し、その運営上の判断で使用することができるのです。

　他方、法人には効果的、効率的な業務運営のための経営努力が強く求められます。運営費交付金は、「運営費交付金算定ルール」に基づき、効率化係数を乗じてその額を減じるとともに、法人の自己収入の増加を予定してその額を調整するなど、毎年度減額する扱いになっています。

　当館は、独立行政法人制度が行政改革の一環として導入されたものであり、このような運営費交付金の減額は基本的にはやむを得ないものと考えています。当館は、これを踏まえつつより質の高いサービスを提供するため、組織、人員、事業の見直し等による経費の節減、合理化を図る一方、来館者

の皆様からいただく入場料収入や講堂、展示場等の施設を貸与した際の財産賃貸収入等の自己収入の確保、また、寄附金収入や科学研究費補助金間接経費等の外部資金の拡充に努めています。さらに、事業を共同で主催する企業、大学等を広く求めることとして、積極的な働きかけを行っています。事業の共催は、経費面だけでなく、内容の豊富化、深化にも資するからです。

　自己収入及び外部資金による収入は、平成18年度決算ベースで、784百万円であり、総収入額4,028百万円に占める割合は19％です。毎年度収入増に努めていますが、自然史、科学技術史に関する中核的な研究機関及び主導的な博物館として、資料の収集・保管、調査研究を行うとともに、その成果としての展示・教育活動を行い、入館者の35％程度が入館料無料の子どもであるという当館の活動からみて、自己収入や外部資金の増額には自ら限界があると思います。当館は、これらサービスの質を維持、向上しつつ今後も収入増、経費節減等更なる経営努力を最大限に行っていきます。

人件費を削減する

　「小さくて効率的な政府」を実現するため、官から民へ、国から地方へ等の観点から行政改革が進められています。その道筋を確かなものとするには、行政のスリム化、効率化を一層徹底することが必要であり、「簡素で効率的な政府を実現するための行政改革の推進に関する法律」（平成18年6月施行）で、総人件費改革が定められました。

　総人件費改革は、国家公務員、地方公務員、独立行政法人、国立大学等の役員、職員について、その総数及び給与制度の見直しを行うことにより、これらの者にかかる人件費の総額の削減を図るものです。独立行政法人は、その役職員に係る人件費の総額について、平成18年度以降の5年間で、平成17年度における額からその5％に相当する額以上を減少させることを基本として、人件費の削減に取り組まなければならないとされています（第53条第1項）。

　当館は、これに先立ち、平成13年度の独立行政法人化以降、各年度、人

件費を自主的に削減しました。削減した人件費は、各年度の運営費交付金の削減分をカバーする原資の一部にあて、事実上物件費に回してきたといえます。これにより平成17年度の人件費は、1,222百万円、役職員は142人になっていました。

法律で義務づけられた、平成18年度からの人件費削減目標率5％を達成するには、平成22年度の時点で、61百万円の減額、人件費を1,161百万円にしなければなりません。その実現のためには、業務効率化に伴う組織の見直しやアウトソーシング等を踏まえ、①管理職ポストの一部廃止、②退職者の後任不補充や後任補充時期の延伸、③人事交流ポストの一部廃止や若返り等を行うとともに、④超過勤務の縮減を行うこと等が必要不可欠です。

当館は、自然史、科学技術史に関し、中核的な研究機関と主導的な博物館としての役割を担っていますが、大学等におけるこの分野の研究が縮小していることから、研究部門の人員削減を極力抑え、減員の殆んどを展示・教育活動や広報サービス活動を含む管理部門で対応してきました。研究部門の減員は1～2人です。今後も、基本的にはこのような対応をせざるを得ませんが、先導的・先端的な展示・教育活動等を求められる中で、それも限界にきていると思います。事務事業の見直しや新規事業の企画・立案・実施、また実務により館運営を支える人材が生き甲斐をもって仕事ができること、これが質の高いサービスを提供する源泉であり、あまりに忙しい職場で、しかも今後の展望が見えないような状況の下でこれを期待するのは極めて難しいと思うのです。

外部資金、自己収入増に取り組む

独立行政法人である国立科学博物館にとっては、自己収入増は重要な課題です。第2期中期目標（平成18年～22年度）においては、「積極的に外部資金、施設使用料等、自己収入の増加に努めること」と文部科学大臣から指示を受け、また平成19年12月に閣議決定された独立行政法人整理合理化計画においては、「外部資金の活用を引き続き図るとともに、入場料収

入の増大に向けた定量的な目標を平成２０年度内に策定する」と定められています。独立行政法人に対する国からの財政支出を抑制し、独立行政法人の自己努力による外部資金と自己収入を増やすという考えです。

　当館の外部資金、自己収入は、入場料収入、受託・共同研究収入、寄付金収入などとなっており、平成１９年度決算では１０億円に達しています。同年度の運営費交付金は３２億円ですから、総事業費４２億円に対して２４％になります。この比率や金額が多いか少ないかは一概にはいえませんが、過去５年間の推移をみると、１５年度５億円（１４％）、１６年度６.１億円（１５％）、１７年度７.８億円（１９％）、１８年度７.８億円（２０％）、１９年度１０億円（２４％）をみると年々確実に伸びていることから、当館はかなり成果をあげているといえるのではないでしょうか。

　その要因については、色々なことが考えられます。収入項目別にみれば、入場料収入が１５年度と１９年度との比較で約２.４倍（２億２千万円→５億２千万円）になりますから、入場者数の増加（１５年度１０９万人→１９年度１９１万人）が主な要因であるのは確かです。これは特別展や企画展の開催回数を増やしたり、その内容等について様々な創意工夫を行ったりした結果ではないかと考えています。しかしながら、特別展の入場者数はテーマや開催日程等に影響されることがあり、これまでのように右肩上がりの推移が続くわけではなく、今後はむしろ増減を繰り返すことが予想されます。

　このようなことから、安定的な収入の確保のためには、入場料以外の項目の収入増やその多様化を図る必要があります。例えば、１９年度においては、当館の目的、性格等を踏まえて政府関係事業を積極的に受託したことにより、受託額は８千万円に達しました（これは独立行政法人となった１３年度以来の最高額）。この受託事業には、当館の有する人的物的知的資源を最大限に活かして、地球規模生物多様性情報機構（GBIF）という国際機関が実施する国際的・国家的事業に参画するものもあり、このような事業については自己収入の側面だけでなく、事業自体の重要性に注目する必要があります。また、当館業務に支障のない範囲において展示場などの施設を貸し出す事業を１７年度から積極的に進めた結果、１９年度には８百万円程度の収入を得ています。さらにこの施設利用を促進し顧客の要望に的確に対応するた

め、２０年度における当館のホームページのリニューアルでは「アクセス・利用案内」のページに「施設貸出」の事項を設けて、展示室をはじめとする利用可能な施設や料金表などを分かりやすく表示していますので、皆様に一度それをご覧いただくとともに積極的な利用をお願いします。

　以上のような事業に基づく収入とは別に、寄付金収入は欧米の例を挙げるまでもなく博物館にとって重要です。１６年度には賛助会員制度を創設して、企業や個人からの寄付を受け入れやすくするとともに、一定金額以上の会員には、当館のホームページのトップページに希望によりバナー表示ができるなどの特典を設けています。この制度による寄付金の受入額は、１６年度７百万円、１７年度８百万円、１８年度９百万円、１９年度１千２百万円と着実に伸びています。

　今後とも当館は外部資金や自己収入の増加に向けた取り組みを継続していきますが、どの収入項目も外部の要因で増減しやすく、また増加には自ずと限界があることから、博物館のような文化施設に対する財政支出の在り方について検討が必要だと考えています。

資金の積立てを考える

　財政運営において歳出削減が重要な課題であり、独立行政法人に交付される運営費交付金についても大幅な減額が考えられる中で、独立行政法人が今後の業務運営の必要性に備えて利益を内部留保し積み立てていくことは、大切なことと思われます。このことは、大学の例に照らしても明らかなように、自然史、科学技術史に関し、中核的な研究機関と主導的な博物館としての役割を持つ当館には、特に望まれます。

　独立行政法人制度では、法人が毎事業年度において損益計算の結果として利益を生じた場合、利益のうち法人の経営努力により生じた利益は、主務大臣が評価委員会の意見を聴いた上で財務大臣と協議して承認された金額を目的積立金として翌年度の使用のために繰り越すことができます。その余の利益は、積立金として整理することになります。主務大臣の承認の対象とな

るのは、収入面では、入場料収入等の年度計画の予算の収入金額を超える利益、支出面では、年度計画の業務を効率的に行った経費節約による利益等です。しかしながら、この承認は極めて厳しいとの指摘があり、利益は年度内に使用してしまうことになりがちです。

　問題は中期目標期間（当館は５年間）の最後の事業年度における利益の処理であり、その年度の利益は一旦すべて積立金として整理し、法令上は、主務大臣の承認があれば、次期中期目標期間における財源に充てることも可能です。しかしながら現実は、その承認が難しく、原則として国庫納付になることから、やはり全額使用してしまうことになりがちです。

　このような独立行政法人制度の仕組は、本来は、弾力的、効率的な財務運営のために法人に一定のインセンティブを与えるというものですが、その運用の実態をみると、この制度の下では、法人が利益を得て長期にわたって資金を内部留保していくことは難しいといわざるをえません。

　ただし、寄附金については、使途を特定することにより、毎事業年度や中期目標期間の最後の事業年度においても、その未使用額を翌年度以降の特定事業のための支払いに充てなければいけないという責務を負う「預り寄附金」として翌年度へ繰り越すことができます。当館は、このメリットを最大限に活用し「使い切るから積み立てへ」との考えに立ち、使途は特定されていますが、寄附金をできる限り内部留保し積み立てていきたいと思います。

入館料を考える

　博物館法は、公立博物館の入館料について、その公共的な性格から「入館料その他博物館資料の利用に対する対価を徴収してはならない。但し、博物館の維持運営のためにやむを得ない事情のある場合は、必要な対価を徴収することができる」と定め（第２３条）、原則無料としています。独立行政法人が設置する博物館も、その公共的な性格から公立博物館と同様に原則無料であり、入館料は、博物館の維持運営のためにやむを得ず徴収する必要な対価であると解されています。入館料は、博物館から提供されるサービス（展

示の観覧）に必要な経費（展示に係る人件費、光熱水費、燃料費、展示の更新整備費等に必要な経費）や年間の平均入館者数等を勘案して定められる実費負担的な意味あいをもつものといえます。

　当館は、このような考え方に立って常設展示（シアター36〇を含む）の入館料をいただいていますが、できる限り低廉な料金に設定するとともに、高校生以下は無料としています。科学知識の普及を図るという当館の目的に照らして、子ども達の入館促進を第一に考えたものです。

　これに対しほとんどの特別展については、子どもからも入館料をいただいています。これは特別展が特定のテーマについて多数の関係施設等の協力を得て深く掘り下げ、広く資料を集めるなど、特別展ごとに新たに大規模な展示を作るという性格上、多額の経費を必要とするため、その対価として特別展入館料を設定しているからです。ただし、特別展の入館者は、サービスとして常設展示を自由に観覧できます。色々な関心をもって特別展に来る多くの人に当館の常設展示を是非見ていただきたいからです。

　また、企画展については、特別な入館料はいただかずに、特別展又は常設展の入館者は、自由に観覧することができます。企画展は、比較的小規模な展覧会で、常設展示に関連するもの、その外延にあるものが少なくなく、常設展示と一体的に扱うことにしているからです。

　また、夏休みやお正月に実施しているサイエンススクエアは、来館者が展示場で種々並行して行われる活動の中から任意に選択して参加するものであることから、常設展示の一種として扱うことにしており、これについても特別展又は常設展の入館者は、自由に参加できます。

　なお、当館は、講演、シンポジウム、体験活動等への参加費は、展覧会と同様の考え方に立って、子どもについては無料とし、大人については必要に応じて対価をいただくことを原則としています。

入館料を工夫する

　当館の常設展示は、収集・保管する国民共有の財産ともいうべき標本資

料を展示しています。これを広く人々にご覧いただき科学知識の普及を図ることは、当館の重要な目的であり、入館料については、展示の維持管理に要する費用等を勘案して必要最小限のものとすることが望まれます。

平成１６年１１月に地球館をグランドオープンしましたが、幸い大人の鑑賞に堪える博物館として高い評価を得ました。常設展示とともに観覧できる企画展は、さまざまな内容で年に１０回以上開催することにしました。このような展示の充実を踏まえ、平成１７年４月に１４年ぶりに入館料を改定しました。

これまで有料（80円）であった子ども（高校生段階まで）は、無料にしました。これは、繰り返し科学に触れ、感性を育てる場として、しばしば来館してもらいたいからです。他方、大人（大学生段階から）は、これまで420円だったものを500円に引き上げました（大学生は、科博・大学パートナーシップにより無料化が可能）。

その後、平成１８年１２月には、常設展示の一部としてシアター３６０の運用を開始し、平成１９年４月には改修・展示工事を終えた日本館がリニューアルオープンし、当館の常設展示がすべて完成しました。この常設展示の飛躍的な充実を機に、維持管理費の増額に対応するため大人の入館料を600円に改訂しました。

独立行政法人である当館は、独立採算性を前提としてはいませんが、効果的・効率的な運営のために、できる限り入館料を始めとする自己収入の増加を図ることを期待されることから、受益者に若干の負担増を求めたものです。適切な入館料の在り方については、科学知識の普及と自己収入の増加等の観点から、年間の平均入館者数やリピーター層の動向等もにらみつつ引き続き工夫・検討していきます。

リスク・マネジメントを考える

リスク・マネジメントという言葉は、手許にある『広辞苑』を目安とすれば第４版（1994年発行）にはなく第５版（1998年発行）で新たに収録さ

れていることから、日本語としてはこの10年くらいに定着してきた比較的新しい外来語といえます。その意味を『広辞苑』では、「リスク」の項目の中で「企業活動に伴うさまざまな危険を最小限に抑える管理運営方法。RM」という具合に解説しています。米国からの外来語でしょうか、企業に関する用語のようですが、最近では博物館関係者の間でも使われています。

　例えば、日本博物館協会の発行する「博物館研究」では、平成18年9月、10月の2号にわたって「リスクマネジメント」の特集を組んで、4編の投稿（「来館者のための安全対策－地震の体験から－」、「静岡県下における『災害から文化財を守る』民間活動－災害救済ネットワークの構築をめざして－」、「直面して初めてわかる危機管理対策の重要性－欧米ミュージアムの具体事例からできることを考える」、「博物館資料の危機管理－九州国立博物館のハードとソフト－」）を取り上げています。各編はそれぞれに興味ある内容となっていますが、もう少し欲を言えば、国際的動向についてICOM／ICMS（国際博物館会議／博物館保安国際委員会）における検討状況の紹介記事などがあっても良かったのではないでしょうか。

　この特集で取り上げられている「リスクマネジメント」の具体的事例に照らせば、当館においても、建物の耐震化、施設設備のメインテナンス、危機管理マニュアルの作成など必要な対策を講じていますが、これらについて更なる充実強化を図るとともに、当館に関わるスタッフ全員の意識向上に努めていく必要があります。

　ともすると、このリスク・マネジメントという言葉は、役員等による組織の経営あるいは管理サイドの課題として考えられる傾向があります。企業経営における金融商品などの取引における意思決定などはそうかもしれませんが、基本的には営利を目的としない博物館のような不特定多数の人々が利用する大規模施設におけるリスク・マネジメントにおいては、組織の構成員全体が取り組むべき課題です。つまり、来館者に接するスタッフはじめその管理監督者から経営のトップまで、日々発生する（発生すると予想される）現場のリスクに関する情報を共有すると同時に分析し、その対策を立案することによらなければ、更にそのプロセスを積み重ねなければ、博物館における現実的なリスクの発生を最小限に抑えるとともに、発生した場合の損害を

最小限に止めることはできないからです。

さらに、いよいよ加速する情報化に伴い、博物館に限らず組織内部に潜在するリスク対策としての情報セキュリティに関する政策立案は、リスク・マネジメントにかかわる課題として益々重要になってきます。当館においても情報セキュリティポリシーを早急に確立していく必要があります。

開館時間を考える

当館が開館している時間は、９時から１７時までですが、金曜日は20時まで開館しています。入館できるのは、閉館の３０分前までです。なお、月曜日は原則として休館日です。

９時の開館は、上野地区の博物館や美術館等に比べると30分早くなっています。これは、修学旅行等の子どもの利用に配慮したものであり、開館を待つグループも珍しくありません。

閉館の時間は、平成１７年４月から３０分遅らせて１７時にしましたが、周辺の美術館には１７時30分まで開館している所もあります。これは、子どもの来館者が多いかどうかによるものと考えています。当館が毎年度実施する来館者満足度調査によると、開館時間の延長により満足度は大幅に上昇しました。

同調査では、入館者の半数以上が２時間を超えて在館しています。このことを考えると、開館時間の延長は、延長時間帯前後に入館する人達だけでなく、もっと時間をかけて見たいという人達のためにも検討すべき課題といえます。開館時間を延長するためには、光熱水料、総合案内や警備等施設の維持管理等に要する経費や職員の労働時間等の考慮も必要です。

当館は、平成20年度から、ゴールデンウィーク、お盆とその前後の期間という特に混雑が予想される日に限って、試行的に閉館時間を１時間遅らせ、１８時まで開館することにしました。この措置は、観覧はもとより、入館時やレストランの順番待ちなど普段より色々な場所で時間を費すことが多いことを考慮し、観覧環境を改善する観点から行うものです。お盆とその前後に

限らず夏休みの期間はいつでも混雑し、観覧環境が決して良いと言えないことは、承知していますが、試行の状況等も勘案して今後の対応を検討していきます。

なお、一般論として、平日の仕事を考えると夜間も開館して欲しいという要望があります。もっともなことではありますが、経費や職員の問題だけでなく、夜も多くの人が来館できる条件が整うことも必要です。当館だけでなく周囲の美術館等が同一歩調をとること、周辺がある程度にぎやかで、食事や買物、散策等ができるなど、人々が夜を楽しむ選択肢が拡がることなどです。このような事情を考慮して当館は、平成１７年３月から金曜日のみ２０時まで開館しています。１７時以降の特別展入館者については、ペアチケットにより入館料を割引いていますが、その利用者が増えるなど、金曜８時閉館は定着しているようです。

今回の日を限った開館時間延長措置も、周知が大切だと思います。

夜の博物館を楽しむ

動物園や水族館に宿泊し、夜の動物の生態や魚の眠る姿を観察するなど、夜の動物園や水族館が人気です。普段はできないユニークな体験が興味を呼ぶのでしょう。

化石が動いたり、標本がささやいたりするわけではありませんが、博物館も、閉館後の夜間のイベントは人気があります。一般にはできないことを経験する、光の加減等で昼間とは違う展示の魅力が味わえるなどのためでしょうか。当館の夜間のイベントの形態は、これまでのところ三つに分けられます。

第一は、展示場での宿泊を伴う事業です。平成17年5月の「恐竜博2005」ディノキャンプでは、会場内にテントを張って宿泊し、夜の会場探検、恐竜スケッチを行い、翌日は恐竜のレプリカ作り、恐竜教室を行いました。小学３年生以上を対象に２回実施し、60人程度が参加しましたが、恐竜の化石と一緒に寝泊まりし、専門家の指導を受けて、満足度は非常に高かっ

といえます。

　また、平成19年12月には東京純心女子大学と共催で、博物館での児童英語教育の先導的なカリキュラム作りを目指し、Night Museum@科博恐竜キャンプを実施しました。展示室に寝袋でキャンプし、英語でヒントのやりとりをしながら骨のレプリカがどの恐竜のものかを探すゲーム、ヒントが英語で示されるコンピュータぬり絵等を行いましたが、非日常的な体験を通して英語学習の意欲や効果を高めることを期待した取組みです。公立小学校の5・6年生21人が参加しましたが、好評であったといえます。

　第二は、夜間の展示見学を伴う事業です。たとえば平成19年3月のファンタジー・アドベンチャー映画「ナイトミュージアム」の親子試写会と展示見学です。（株）20世紀フォックス映画が宣伝のために実施したものへの協力で、上映後、標本を前に解説を聞き、懐中電燈のあかりで自由に展示を見学しました。映画のおかげで、恐竜や動物がどんな動きをし、声を出すかを想像しながら見学ができ、展示がより身近なものになったのではないかと思います。

　また、当館が平成20年8月に「ルーシーと楽しむカガクの時間@サイエンスミュージアム」の中で行ったナイトミュージアムも人気で、120人以上の参加がありました。

　第三は、展示場を独占的に使用するため夜間に行う事業です。平成18年2月の（財）台東区芸術文化財団の邦楽演奏会、同年10月の（社）日本航空宇宙学会の日仏航空宇宙ワークショップのレセプション、平成19年8月の（独）海洋開発研究機構の親子科学教室等ですが、展示をご覧いただけるのが特色です。

　このような夜の博物館を楽しむことが今後増えていくと思われます。

博物館への支援を拡充したい

　博物館を外部から利用する人々には、直接目に触れる展示や教育活動がいかに充実しているかに関心が集まり、それ以外の活動は見えにくいもので

す。標本資料の収集・保管や調査研究のように一般の人々には見えにくい活動についても、広報等により周知を図り、博物館の活動全般について広く人々の理解を得ることが求められます。その上で博物館は、その活動をより活発に充実したものにするためボランティア活動、寄附・寄贈・寄託等広般な社会の支援を得ることが大切です。

　寄附金の増加を図ることは、いわゆる自己収入を増やす有力な方法です。近年、企業がその社会的責任として行う芸術文化支援活動（メセナ活動）が次第に充実してきました。その推進を目的とする民間企業の連合体として社団法人企業メセナ協議会も存在します。同協議会が実施した2007年度のメセナ活動実態調査（スポーツ、学術研究、福祉、環境問題への支援は対象外）によると、メセナ活動の重視点として、地域文化の振興、芸術文化の啓発・普及をあげる企業が多いのですが、青少年への芸術文化教育がここ数年増加していることが目につきます。当館は、賛助会員制度により団体、個人を問わず広く寄附を募っていますが、メセナ活動を通じて企業が得たこととして、地域との関係がより深まった、企業イメージやブランド価値が向上した、自社について広く知られるようになったなどをあげる企業が多く、この観点から賛助会員制度の運用を工夫することも必要だと思います。

　寄贈や寄託は、標本資料の収集・保管と展示等を行う博物館にとって大変重要なことです。充実したコレクションを形成するためには、採集や購入に要する経費を確保することは勿論ですが、標本資料を所蔵する組織や個人との信頼関係を築き、寄贈や寄託につなげていくことが望まれます。そのためにも、散逸等の恐れがある標本資料の受け皿となれる受け入れ体制を整えておくことが肝要です。

　博物館ボランティアは、年々充実して平成１７年度社会教育調査によると、登録制度のある博物館は35％弱（416館）、登録者数は約27,600人になっています。当館も、教育ボランティア制度、植物園ボランティア制度を導入しており、円滑な館運営に欠かせない存在です。

　このように広く社会の支援を得ることが重要な課題であることを踏まえ、当館は社会との関係性を一段と強め支援の拡充に努めていきたいと思います。

ボランティアに期待する

　社会の様々な分野できめ細かな対応が求められる中で、ボランティアの柔軟で弾力的な活動が大きな意義を持ち、しなやかな社会の形成に寄与しています。博物館におけるボランティアも年々増加し、開館時からボランティア制度を導入することが一般的になりました。博物館ボランティアの活動は、館によって違いがありますが、通常、展示解説やガイド、教育活動の企画・実施、来館者案内（インフォメーション的な活動）等を行うものであり、専門的能力を必要とする活動といえます。

　博物館ボランティアについては、他の分野のボランティアに比べて、新たな知識や経験等を得る満足感や生き甲斐を追求する志向が強いとの指摘があります。一般に、専門的能力が要求される、文化や教育等に係わるボランティアについては、その活動に自己充実や学習意欲を見いだせることが直接専門性の向上につながることもあり、このようなことがよく言われます。しかし、ボランティア活動に参加する人は、人々や社会のために役立つことに自分を活かそうと思って活動しており、博物館ボランティアも例外ではありません。研究者に接し、新たな知識、経験をすることは、ボランティア活動に附随する楽しみなのでしょう。

　ボランティアは、来館者にとって身近な親しみ易い存在です。ボランティアのさりげない言動に触れ、気軽に質問したり、話しかけたりすることができます。来館者とボランティアのコミュニケーションが生まれ、有意義な観覧や学習等が可能になります。来館者との一時の出会いを大切にし、驚き、感動等を共有できることがボランティア活動の醍醐味なのでしょう。

　近年、博物館ボランティアの活動分野が拡がり、来館者と直接交流することのない事務作業（簡易な解説文の入力・印刷等）や資料の収集、調査研究を行う館も出てきました。資料の蓄積とその調査研究は、博物館の固有の機能であり、それを継続していくための人材の養成・確保は、博物館の重要な課題です。その充実強化につながるものであれば、この分野についても、活動を継続してくれることを条件にボランティアを活用することは、一つのやり方であると考えられます。

博物館は、社会の文化化を進め、人々に知的活力の維持・発展に大きな役割を果たします。それにかかわるボランティアには、生涯にわたって学習を重ね、人々の多様な要請に応える活動に継続して取り組んでいただきたいと思います。

　これからの社会は、人々がボランティア活動を積極的に志向し、色々な場でボランティアの自由な発想が活きる社会であってほしいと思います。

教育ボランティアの専門性を活かす

　当館が教育ボランティア制度を導入したのは、昭和61年1月からです。博物館ボランティアの先駆けとして、全国の博物館におけるボランティア制度の導入や運営などに貢献してきました。教育ボランティアの活動は、来館者にとって博物館が身近で親しみ易い場になり、コミュニケーションが進むことはもちろん、その感性を刺激し、科学への好奇心を引き出すのに、大きな働きをしています。当館は、教育ボランティアが来館者と博物館をつなぐ架け橋として、その知識、経験、適性等を活かして来館者サービスを一層充実することができるよう、教育ボランティア制度の改善や工夫を行ってきました。多くの教育ボランティアが専門性や創造性等を発揮し、より生き甲斐が持てるように配慮しつつ、来館者の多様で高度な要請に応えるためです。

　例えば、平成16年の地球館のグランドオープンを機に、活動分野と活動日の両面から制度を見直しました。活動分野に関しては、たんけん広場における活動支援や施設・展示・事業の案内などに応じる体験学習支援ボランティアと、動物・地学など専門分野を決め、各階展示室において質問や相談などに応じる展示学習支援ボランティアに分けました。活動日に関しては、同一曜日に週1回活動する曜日別ボランティアの他に、土日祝日・夏休みなどに年間15日以上活動するホリデーボランティアを設け、大学生や職業を持つ人等が活動しやすくしました。

　また、外国人来館者のために、教育ボランティアが外国語が話せることを明示するバッチを着用するサービスを、平成19年から開始しました。こ

の活動は、教育ボランティアの提案にヒントに得たものです。そして、平成２１年には外国人ボランティアを試験的に採用しました。

なお、教育ボランティアは、展示室等における日常的な活動だけでなく、ガイドツアーも行います。毎日３、４人のボランティアが約１時間、自分で決めた展示の見所を案内するのです。また、職員の監修の下に教育プログラムを開発し、実施するなど、その活動範囲は専門性を活かせるように拡大しています。

当館は、筑波実験植物園にも平成１４年１０月からボランティア制度を導入し、植物の解説等を担当してもらっています。

当館のボランティアの数は年々増加していますが、若い人の確保が課題です。大学パートナーシップ制度の中に、学生ボランティア活動支援を組み込むことも検討に値すると考えています。

ボランティア活動は生涯学習

ボランティア活動は、一般に、個人が知識、経験等を活かし、主体的に自分の時間を提供し（自発性）、対価を目的とせず（無償性）、他人や地域、社会のために役立つ（社会性）活動を行うものです。これに対して、奉仕活動は、利潤追求を目的とせず、様々な社会問題の解決に貢献するための活動です（平成１４年７月の中央教育審議会答申）。無償性と社会性を要件としますが、自発性は要件ではなく、奉仕活動を行うきっかけには様々なものがあります。これは、奉仕活動を、従来の官と民との二分法では捉えられない新たな公共のための活動とし（前記答申）、活動の社会的意義を中心に考えているからです。他方、ボランティア活動は、活動の社会的意義とともに、活動は義務や強制されて行うものではなく、勧められても最終的には個人の自由な意思で行うという自発性を核心としています。

ボランティア活動の要件については、自発性、無償性、社会性の三要件に先駆性を加える考え方もあります（平成４年７月の生涯学習審議会答申）。先駆性は、先駆的に課題を発見し、その解決のために先駆的に対応すること

です。ボランティア活動には、既存の社会システムの中に存在しない、あるいは対応しきれない役割を担うという意味で、先駆性あるいは補完性を持つものがあります。しかし、ボランティア活動がこのような活動に限られるものでないことは言うまでもなく、先駆性や補完性は、どんなボランティア活動をどう行うかを検討する過程で必要となるもので、先駆性は、ボランティア活動の不可欠な要件ではないと考えることが適当です。

　先駆性がボランティア活動の要件と言われるのは、あらゆるボランティア活動がそのような発想や姿勢の下に行われることが望ましいことを意味し、そのためにはそれを可能とする自主的な学習を必要とします。その点においてボランティア活動とそれに関連する学習は、切っても切れない関係にあります。ボランティア活動には、気軽に取り組める身近な活動から専門的な能力が必要な活動まで、様々な種類や形態による違いがありますが、そのいずれにしても活動を行うための知識、技能を習得するために必要な学習があります。また、学習の成果を活かした実践としての活動が学習を深めます。しかも、ボランティア活動は、その場その時だけでなく継続して行われることが望ましく、それに応じて学習も継続して行われるという意味において、ボランティア活動を続けることは、生涯学習であるということがいえます。このことは、博物館ボランティアのように専門性の高い活動に一層よくあてはまります。

　近年、精神的なセーフティーネットの重要性が指摘されますが、そのためには、自己実現ややりがい、生き甲斐等のアイデンティティの確立とともに、同じような目的を持つ人々との交流が大切です。自由かつ柔軟な取り組みにより、それらの実現が可能なボランティア活動や生涯学習は、精神的セーフティーネットの面でも有意義なものといえます。

教育ボランティアを支援する

　当館の教育ボランティアは、教育活動の準備、受付、指導補助、後片付け等を行うだけでなく、子どもを対象とする観察、実験、工作等の単発的な

教育活動について、自ら指導し、企画、実施することにより、ほぼ全面的に責任を負うと言える活動をしています。また、たんけん広場を含め常設展示場に常駐しているのは、教育ボランティアだけといえる状況の下で、展示や見学についての案内、相談への対応、来館者等の応接等を行っており、常設展示が良好な状態で維持され、多数の入館者を確保できているのは、教育ボランティアのおかげと言えます。

　このように教育ボランティアの存在は、なくてはならないものであり、人員や経費の削除等行財政改革が進む中で、社会全体で博物館を支援する具体的な現われとして、今後一層重要なものとなります。それには、教育ボランティアの資質の向上と人員の確保が課題です。

　資質の向上については、専門性や創造性等を高めるため、教育ボランティアの学習意欲が高いことを踏まえ、館としても研修の強化を図ることが必要です。自分の活動分野は勿論ですが、広く自然科学について理解を深めることが大切と考えています。

　人員の確保については、後継者養成や若手確保の観点も込めて、科博・大学パートナーシップ制度の中に学生のボランティア活動支援を位置付け、教育ボランティアが中心となって学生を指導することも考えられます。

　また、退職後の人材を確保することも大事です。退職年齢は少しずつ引き上げられていますが、なお、60歳位が一般的です。60歳の平均余命は20年以上であり、社会に貢献するという意味で、ボランティア活動を含めて働くことを求められるようになっています。この世代は、生き甲斐を求めて活動することが多いと言われます。その知識や経験等を教育ボランティアとして活かしてもらいたいものです。

　ボランティアの条件として、自発性、無償性、社会性を要件とするとされています。この条件を維持しつつ、教育ボランティアが館運営に現に果たす役割を評価し、かつ、退職年齢に達する人々をボランティア活動へと導くためには、館として、それら人々の学習意欲や自己充実への要望や期待等に積極的に応えていくことが必要だと思います。

　そのため、専門性や創造性等の向上、それを通して生き甲斐の実現につながるような自主的な研究に対し、可能な範囲で支援をすることが考えられ

ます。具体的には、教育ボランティア一人一人の活動の総和が館運営を担っているという実態に着目して、個々の教育ボランティアに対してではなく、一定の条件を備えた教育ボランティアグループの自主的な研修に対して、一部経費を館が負担することを検討してはどうかと考えています。その具体化には色々と課題があり、慎重を要しますが、各ボランティアの対価を目的とするものではないという気持ちと館としての感謝の気持ちを両立させる措置ということもできると思います。

　社会の様々な分野でボランティアの働きが必要とされ、しかも、その柔軟な発想が評価される社会になりつつあるとき、人々が進んでボランティア活動に参加し、しかも、活動の質を高める方策として、可能な範囲でボランティア活動に関連して一定の支援をすることは、意味のあることと思います。

賛助会員制度を工夫する

　多くの博物館が何らかの寄附金に係わる制度を設けていますが、当館も賛助会員制度を設けています。平成１３年度に独立行政法人になり、直接寄附金を受け入れることが可能になったからです。効果的、効率的な運営により質の高いサービスを提供するとともに、経費の節減、合理化を図る一方、入館料はもとより、寄附金等のいわゆる自己収入の増加を図るため、多くの方々に広く協力していただく、できれば継続的に支援していただくという観点から、寄附金制度の一つとして賛助会員制度を設けました。

　賛助会員制度では、その趣旨に賛同する個人又は企業等の会費の負担と特典の享受が事実上ワンセットになっています。当館の賛助会員制度も基本的には同様です。年会費は、個人会員が１口１万円で１口以上、団体会員が１口１０万円以上です。また、個人会員は１口～４口までの普通会員と５口以上の特別会員に分かれます。特典は、常設展や特別展への無料入場、氏名の掲示、ミュージアム・ショップ、レストランの割引等です。なお、会費は、寄附金とみなされ、税制上の優遇措置が受けられます。

　当館の賛助会員制度が他の施設と異なるのは、会費収入を特定の事業に要

する経費に充てることにしている点です。館事業の充実という一般的な使途ではなく、具体的な事業として、「青少年の自然科学等への興味関心の向上に関するコンテスト」又は「地域博物館等と連携したイベント」に使用することにしています。全国規模への発展を目指す科学技術に関連するコンテスト、全国各地の博物館等と共同で実施するその地域に応じたイベントは、ナショナル・ミュージアムとして今後力を注いでいきたい事業です。これらの全国的な事業を賛助会員制度を活用して、いわば社会全体の協力の下に行っていきたいと考えています。

　個人や企業等がどのような形であれ博物館を支援する社会となるためには、博物館を応援したくなるようにまず私達自身が変わる必要があります。会費収入の使途限定も、会員の博物館支援を目に見える形でより身近なものとし、実感を伴うものとする試みの一つです。公財政の逼迫により国からの補助が減少しているのは、先進国に共通の現象です。企業等からの寄附ばかりでなく、個人の寄附を多数集めることが重要であり、そのためにも寄付が何に使われているかを明確にする必要があると思います。

　同時に、寄附に伴う心理的な満足感や具体的なメリットをどうするかについてもっと工夫することも大切なことと考えています。

募金箱を設置する

　当館は、平成17年の愛知万博で好評だった全球型映像施設を移設し、平成18年12月から「シアター36○（サンロクマル）」と名付け、常設展示の一部として公開しています。特別な料金を要することなく来館者は、自由にご覧になれます。おおむね来館者の30％位の方にご覧いただいています。

　地球の100万分の1（直径12.8m）の球体の内壁がすべてスクリーンで、中央の橋の上からコンピューターグラフィクスが描く全方位の映像を楽しむ、世界初の映像施設です。当館での公開にあわせ、「恐竜の世界」と「マントルと地球の変動」の2本の作品（各4分）を製作し、万博で使用された3本の作品（「青の輝き」「緑のささやき」「生命のきらめき」各2分）と組み合

わせて毎日2作品を2ヶ月周期で上映しています。これは、万博に出展した日本政府の展示物の再利用であり、360度の音と映像に全身が包まれる臨場感あふれる体験や独特の浮遊感等を通して、自然科学への興味・関心を高めることを狙いとするものです。

　当館は、今後も常設展示等に関連する内容を科学的視点に立って分かり易く伝えるオリジナル映像を製作することにしています。平成21年度中に2本製作する予定ですが、製作費が高額なのがネックです。そこで、シアター36〇の公開を機に、その出入口附近に募金箱を設置し、新たな映像の製作費の一部に充てることにしました。

　我が国においても欧米並みの寄附文化を育むべきだ、そのため寄附金税制の改正等を含め寄附に対する人々の意識を高める必要がある、とよく言われます。当館も賛助会員制度を創り、寄附金収入の増加に努めています。今回、募金箱を置くことにしたのは、寄附金収入もさることながら、来館者にシアター36〇の映像の製作費に御協力いただくことを通して、自分達の力で映像を作る、それへの積極的な参加を呼びかけるとの趣旨を込めてのことです。幸い募金箱には、100円や10円を中心に多くの寄附があり、設置からちょうど1年で約138万円の募金がありました。皆様に感謝いたします。

　なお、募金箱は、筑波実験植物園では絶滅危惧植物の保全、自然教育園では環境整備のために、シアター36〇と同様にそれらの活動に積極的にかかわることを呼びかけるとの趣旨を込めて設置されています。

Ⅱ. 利用者のためにある博物館

　ここでは、人々の博物館利用の形態に対応する博物館活動を紹介します。利用形態としては、個人やグループが研究や学習等のために利用する場合（1．自発的な学習のために）、研究や学習等のパートナーとして利用する場合（2．連携協働のために）、ＩＴを活用したり、施設を利用するなど広く博物館利用を求める場合（3．広範な利用のために）に分類しています。

Ⅱ－1．自発的な学習のために

（萬年自鳴鐘　田中久重作） 　　　（トロートン天体望遠鏡）

（天球儀　渋川春海作） 　　　（地球儀　渋川春海作）

（ミルン水平振子地震計） 　　　（蘇言機）

（本文関連：「重要文化財を探す」）

展示の教育機能は

　博物館は、標本・資料を収集・保管し、調査研究し、それらを活かして展示や教育活動を行います。人々は、この活動を通して、過去を理解し、現在を認識し、未来を展望します。標本・資料等による過去の再現を見て、現在とのつながりや違いを知り、人間の営為を考えるとともに、将来の行動の示唆を得るのです。例えば、当館は、科学技術に関し、その発展の歴史を資料により展示するとともに、その原理、実験について展示し、人々が実際に触れ、体験ができるようにしています。これにより、人々は科学技術に興味を持ち、現状や今後の在り方について考えることができるのです。

　そのため、展示には、テーマに応じたメッセージとストーリーが組み込まれ、来館者に対し、印象と情報を提供します。人々は、その印象と情報から感動と知識を得ます。これが他の教育施設にない、博物館に固有の展示そのものが持つ教育機能です。博物館は、人々が美しいものに感動し、不思議なものに驚き、珍しいものを発見することを希望し、これらを求めて展示を作っています。こういう気持になって初めて好奇心がかき立てられ、これを知りたい、もっと知りたい、自分もやってみたいという気持ちになるのです。知識への要求が生じ、増してくるのです。標本・資料に関連する解説やボランティアの説明等は、これに応えるものです。展示解説は、多様な来館者の多くが理解できるようにやさしく分かり易いこと、そのために簡潔さと明快さが大切です。同時に、もっと詳しく知りたい人のための配慮も大事です。

　久米邦武氏は、「米欧回覧実記」（明治１１年刊行）で、博物館は人間の発達段階を示すもので、目で見、感じることにより心に感動が渦巻き、学習しようという自発性が生じる旨を述べています。今日の博物館にそのままあてはまるものであり、展示の持つ教育的意義を端的に示していると思われます。

　このように博物館は、人々が標本・資料と対面し、じっくり対話し、それから何かをくみ取ることを期待しています。博物館は本来、人々が自分で気付き、自発的に学習する機会を用意するものであり、後は、その人自身が自己の感性や知識、経験等に基づき自分なりの認識をしていく場だからです。

博物館のメッセージは、この観点から、理念や行動指針を提示するのではなく、人々に示唆を与え、自ら考えることができる程度にとどめています。ただ、子ども達に対しては、メッセージの趣旨がある程度理解できる程度にまで導いていく配慮をしています。

展示そのものに関する教育的意義に関しては、展示を見た来館者の行動として現れてくる教育効果について測定し、より効果的に展示構成と展示手法を開発していくことが課題です。

感動し、感性・好奇心を育くむ

博物館は、人々の学習の場です。学校等と異なり、利用者が主体的に参加し関わりながら学ぶ、いわば自由に学習することにその特色があります。

人々、特に子ども達が科学に興味、関心を持つためには、単に知識だけでなく、そこに美しさや不思議さ等を見出し、感じ取ることができる感性が大切です。豊かな感性があってはじめて、好奇心がかきたてられ、もっと知りたい、自分もやってみたいという気持ちが育ってきます。知識への要求が増してくるのです。この感性は、生来備わっているものではなく、様々な体験等により磨かれた感性というべきものです。あるいは、生来の感性が体験等により磨かれたものということもできます。

当館の展示は、おおむね時系列に沿っていますが、人々は、自由な発想で標本資料にアクセスし、自由に展示を楽しむことができます。そこには、本物のもつ質感や存在感があり、新たな発見があり、種々の驚きや感動があります。

そもそも展示は、豊富な標本資料と向き合い、このような様々な体験をしてもらうことを期待し、希望して作られているのです。加えて、研究者のギャラリー・トークがディスカバリー・ポケットで行われます（ディスカバリートーク）。展示にくわしいボランティアの働きかけやガイドツアーもあります。実験、観察、工作等の体験活動を内容とする教育活動があります（たんけん広場、楽しい科学の実験室、夜の天体観望等）。

美的な環境と相まって、何度訪れても発見、驚き、感動など新鮮な出会いがある博物館こそ、感性を磨き、科学への好奇心を育て、知的要求を満たすのにふさわしい場です。自由な学習を通して博物館は、想像力の翼を拡げ、創造性を育てることができます。多くの人々に、特に子ども達には、何度も来館してほしいと思います。ちなみに、英国博物館協会は、「博物館は、人々がインスピレーション、学習、そして楽しみのために所蔵品を鑑賞・観察ができるようにする。博物館は、社会の信託を受けて保持する人造物や標本を収集し、安全に守り、アクセスできるようにする。」と、博物館を定義しています（１９９８年）。当館も、このように「人々が何をできるようにするか」という観点に立って、これまで以上に、単に知識を得るだけでなく、楽しみながら感性を磨き、好奇心を育てることを企図した活動を展開していきます。

感動を伝える

　博物館の展示には、どんな小さなことでも発見があり、驚きがあります。どんなささやかなことでも感動があります。博物館は、美しいものに感動し、不思議なものに驚き、珍しいものを発見する場、これを期待し、これを求めて展示を作っています。自分達が子どもの頃何に魅せられたのか、なぜびっくりしたのか、どうして興味や好奇心を持ったのか、そういうことを展示に活かしているのです。当館も、何度訪れても、新しい出会いと人々の共感があると信じています。

　近年、大人は、子どもの自由を尊重する反面、子ども達をしっかり教え導くことが不足しているように思われます。知識の大切さ、努力することの尊さ、規律を守ることの必要性等を子ども達に伝えることは、大人の重要な役割です。同時に、子ども達と感動を分かち合うこと、心を一つにすることも大事です。博物館は、ワクワクする感動の場です。多くの人々と感動を共有する場です。私達大人が味わった感動を子ども達に率直に伝えることができる場です。

　当館の来館者について同伴者の有無をみると、親又は家族・親戚と一緒

に来館した者が４２.１％を占めています（平成１７年度の来館者満足度調査）。当館は、大人も堪能できる博物館です。大人も標本資料に接し、必ずや何らかの感動を味わいます。感動を生み出したものは何か、どう感動したのかなどを子ども達に伝えることにより、子ども自身が味わう感動と共鳴して、より多くのものを子ども達は得ることができます。館内であるいは帰宅してからも会話がはずむことは、双方の喜びとなり、思い出になります。

大人と子どもの感動が交流し、響きあう場、そのほほえましい姿が見られる場としての博物館の機能は、もっと注目されていいように思います。

いずれにしても博物館は、家族や友人、知人と一緒に観覧し、語り合う、そしてお茶を飲んだりショッピングもできる楽しい場でありたいものです。

動線に従い常設展示を見る

当館は、メッセージとして「人類と自然の共存をめざすこと」を人々に伝えることを意図して常設展示を作っています。その実現のため、日本館、地球館のそれぞれについて、テーマを設定し、それに応じた物語を展開する展示にしています。たとえば日本館は、テーマを「日本列島の自然と私たち」（Ａテーマ）とし、日本列島が成立し、現在の多様な自然と日本人が形成される過程、日本人と自然のかかわりを一連の物語として分かり易く展示しています。

Ａテーマは、それを構成する５つの要素である「日本列島の素顔」等の５つのテーマ（Ｂレベルテーマ）から成り立っています。Ｂレベルの各テーマも、それを構成するいくつかの要素である複数のテーマ（Ｃレベルテーマ）から成り立っています。例えばＢレベルテーマの「日本列島の素顔」は、「南北に長い日本列島の自然」等５つのＣレベルテーマから成り立っています。Ｃレベルの各テーマも、同様に複数のＤレベルテーマから成り立っています。Ｄレベルの具体の各テーマが一つのまとまりを持った最小の要素です。このように、Ｄレベルの複数のテーマの組み合わせによりＣレベルの具体のテーマが語られ、Ｃレベルの複数のテーマの組み合わせによりＢレベルの具体

のテーマが語られ、そしてAテーマは、Bレベルの複数のテーマの組み合わせにより語られるという階層構造になっています。

当館は、展示に当たり、このような構造でテーマが展開していくことを踏まえ、Dレベルテーマについて、各テーマのバランスに配慮しつつ、その具体のテーマにふさわしい標本資料を選定し、配置しています。

このことから当館、特に日本館は、階層ごとの各テーマに観覧順の番号をふり、明確な動線を設定しています。これは、日本の豊かな自然や日本人が成立していく過程等が時系列で進行していく物語を理解し易くするためです。人々が動線に従って観覧していけば、順次物語が展開し、複数の下位レベルテーマの内容を把握することにより、それらを要素とするその上位レベルテーマについての理解が得られるようになっています。

当館の常設展示は、「人類と自然の共存をめざして」私達はどうしたらよいか、その考え方を具体的に示す展示にはしていません。一人一人が展示に感動し、知的刺激を受ける中で、自らそれを考え、感じ取ってもらいたいと思います。動線に従って、物語の展開を時系列に追っていき、同時にいろいろな事象を階層ごとに立体的に理解していくことは、このような観覧者の自主的な学習と理解の手助けになると考えています。

自分流に常設展示を見る
－おすすめコースなど－

コンサート等に行くと、会場入口で沢山のチラシをもらいます。次回公演等の案内が多く、開演までの間に、次は何かなどと品定めをしたりします。チラシの配布は、また足を運んでもらおうということでは、一種のリピーター獲得策ということができます。

博物館でも、このチラシに相当し、「博物館にまた来よう」と思っていただけるようなものはできないだろうか。その趣旨をもこめて、当館では「おすすめコース」を作っています。

おすすめコースは、展示規模の大きい地球館について作成しており、大

きいコース（デッカイ標本を探してみよう）、小さいコース（小さなものに注目してみよう）、渦巻きコース（渦巻きを自然や機械の中でみつけよう）という形態に着目したもの、クジラコース（地球最大の動物、クジラを探しに行こう）や飛ぶことコース（空に挑戦した生物・人類の展示を探そう）という特定の種類や機能に着目したもの等があります。

　当館の展示は、おおむね設定された動線に従って展示をご覧いただく構成になっており、時系列等に従って展示を観覧していきます。とはいえ博物館は、本来、自由な発想で展示にアクセスし、楽しむことができる場です。特別なものを探して館全体を選択的にまわってみるという楽しみ方も考えられます。おすすめコースのようなコースガイドを持ち帰り、次は、異なった観点から自分流に展示を楽しむ参考にして下さい。

　もちろんおすすめコースは、最初の来館時にもご利用いただけます。これがむしろ普通の使い方です。限られた時間で効果的に展示を見るための９０分ハイライトコース、重点的に展示を見たい自然史ハイライトコース等も用意しています。別途、ボランティアの各人各様のガイドツアー（おおむね１時間）も楽しめると思います。

　また、当館では、来館者から「お訪ねの多い展示３０点」について所在を案内するリーフレットを作っています。これは、地球館、日本館を通してお訪ねの多い上位３０点を案内するものですが、ピンポイントで所在を知りたいというときに役立ちます。

　なお、当館の出入口は日本館にありますが、出口のすぐ脇にプラズマディスプレイ、パネルを設置し、次回展覧会等の案内をしています。館内でチラシ等もお持ち帰りできるようにするなど来館者、リピーターの増加に努めています。

展示解説によりメッセージを伝える

　当館には子どもから大人まで多くの人達が学習や楽しみを求めて来館されます。展示された標本資料は、年齢や知識・経験にかなりの違いがあって

も、相応に楽しむことができます。これに対して、標本資料に関連する解説は、年齢や経験、興味関心等により理解の度合がかなり異なります。展示は、これを踏まえ、多くの人々が一様に楽しめる標本資料と、多様な来館者の多くが理解できる解説によって構成されています。

　子どもも大人も、標本資料とじっくり対話ができ、楽しむことができる展示が理想です。その原点は、ぶらりと来館しても、標本資料そのものに驚き、不思議さ、新しさ等を見出し、感動を味わい、標本資料から何かを汲み取れることです。解説は、その理解のお手伝いをするということであり、来館者が多様であることを念頭に置いてやさしく分かり易いこと、そのために簡潔さと明快さが大切です。

　問題は、解説において館側の展示の意図をどこまで踏み込んで説明するかです。当館が常設展示で伝えたいメッセージは、「人類と自然の共存」をめざすことです。解説においてこのメッセージを伝えるには、関心を喚起すること、理念を提示すること、行動の指針を提起すること等の方法が考えられますが、当館の解説は、「科学的にはここまで言える」というところにとどめ、人々に示唆を与え、自ら考えることができるようにしています。ただ子どもに対しては、展示の意図がわかるところまで導いていく配慮をしています。

　博物館の展示は、本来、人々が気付き、自発的に学習する状況を用意するものであり、要は、各人が自己の感性や知識、経験等に基づき自分なりの認識をしていくものと考えるからです。

　当館の常設展示の解説は、大人向け（中学校2年生程度）、子ども向け（小学校5年生程度）の二種類ですが、館のメッセージを伝えるのに適切かどうかも含めてその評価は、いかがでしょうか。

　なお、当館は、展示物を選んで、アウレット（子ふくろう）をキャラクターにした子ども向けのごく簡単な解説も用意していますが、子どもにも大人にも評判がいいようです。

重要文化財を探す

　当館には、国の重要文化財に指定された資料が6件あり、展示しているものもあります。いずれも歴史資料です。歴史資料とは、年紀、伝来等を明らかにし、歴史上の資料として学術的価値の特に高いものをいいます。指定順にご紹介します。

　一・二は、平成2年指定の天球儀と地球儀。江戸時代の天文暦学者渋川春海が作製し、高弟の谷秦山の家に伝来したもので、我が国の天文学、地理学史研究等の上で貴重です。

　三は、平成11年指定の天体望遠鏡（8インチ屈折赤道儀）。明治政府が設立した観象台の備付機器として英国から輸入され、その後東京天文台で天体観測と天文学教育に用いられました。我が国近代天文学の揺籃期を物語る上で貴重です。

　四は、平成12年指定のミルン水平振子地震計。日本地震学の創始者ジョン・ミルンの考案に基づき英国で製作され、明治時代後期に地震観測に用いられました。国内に現存する最古の地震計で、我が国地震学研究の発達を語る上で貴重です。

　五は、平成16年指定の蘇言機（錫箔蓄音機）。英国の工学者、物理学者ユーイングの製作になり、我が国に初めて伝来したものです。日本初、世界で2番目に実演・実験に成功した録音機で、我が国の録音工業史、レコード文化史の上で貴重です。

　六は、平成18年指定の万年自鳴鐘（万年時計）。幕末、明治前期の機械工作技術者田中久重が製作した多機能時計です。和時計の最高傑作であり、また、幕末の精密機械工作技術の水準を物語る上で貴重です。

　文化財の保護については、保存第一主義に立ちつつも、その活用を図ることが求められます。当館では、実物資料を展示するという基本方針を踏まえ、重要文化財についても保存の観点から支障がないものについては実物を展示しています。保存の観点からレプリカを展示する場合も、できる限り期間を限定して実物を展示する考えです。どこに重要文化財が展示されているか、探すのも一興かと思います。

今後、科学技術資料を中心に重要文化財の指定が増加していくことが考えられ、その展示や保管のための施設設備をどう整備していくかが課題になります。

　なお、当館の日本館（旧東京科学博物館本館）は、昭和６年９月に竣工した我が国最初の本格的な社会教育施設としての博物館建築として歴史的価値が高いことから、平成２０年に重要文化財（建造物）の指定を受けました。平成１９年４月にリニューアルオープンした日本館の展示に当たっては、建物の伝統的な雰囲気、いわばレトロを十分に活かしながら、例えば建物のデザインを借景として展示と調和させるような、建物と展示の相乗効果により両者の美しさを十分引き出すように工夫しています。

バックヤードを垣間見る

　バックヤードツアーを実施する博物館が増えてきたように思います。職員が資料を収集保存し、調査研究を行っているバックヤードを来館者に公開し、博物館の役割を理解してもらう機会を提供することを目的としています。一般に、研究エリアから収蔵エリアへ、逆に収蔵エリアから研究エリアへと見学するようです。

　ふだんは人々の目に触れることのない博物館活動（資料の収集・保管、調査研究や復元・修復等）を紹介することは、展示や教育活動にとどまらない博物館の全体像を理解してもらうために意義のあることですが、博物館の新たな魅力を知ってもらう上でも効果的です。

　当館は、バックヤードツアー的な意味も込めて、平成15年度から毎年４月にオープンラボを実施しています。例えば研究部と収蔵庫がある新宿分館では、研究室と収蔵庫の公開と解説を行うとともに、実演・実習や調査研究にかかわるエピソード等のトークを行っています。博物館の裏側をのぞいてみたい、裏を知りたいという人達の気持にも応えるもので、比較的好評であるといえます。博物館によっては、化石をつなぎあわせたり、クリーニングする様子等をガラス越しに見せる所もあります。好奇心をあおり、魅力的で

すが、当館の場合、展示室に隣接してこのようなスペースを確保することは困難です。

　一部の博物館では、バックヤードツアーをボランティアのガイドにより行っています。当館のオープンラボは、研究者が行っており、来館者との交流を重視しています。会場には、私の研究というパネル展示もあります。

　当館の教育ボランティアには、上野地区における常設展示の解説等をお願いしています。一般に、来館者は館内案内を頼りに、示された順序に従い展示を観覧しますが、そのニーズに応えて手助けをするのがボランティアです。また、ボランティアは、自ら館内案内を考え、ガイドツアーを行います。ガイドツアーは、ボランティア一人一人の持ち味を生かした個性的な活動であり、バックヤードツアーと同様に、博物館の新たな魅力を提供する活動と言えると思います。

　当館は、このように来館者の要望や期待に柔軟に応じる活動を行っていますが、このことは、来館者へのサービスはもとより、博物館の多様な楽しみ方を作り出すことにつながると考えています。

パーソナル・ミュージアムを作ろう

　当館は、人々と展示との関係性を深める観点からＩＴを積極的に活用しています。

　例えば地球館の「地球生命史と人類」の展示は、相互に関連しつつも完結性をもつ数個のテーマで構成され、各テーマは、いくつかの小テーマで構成されており、各小テーマごとに情報端末を設置しています。情報端末には、文字や画像による展示解説等が入っています。個々の主要な展示物の解説もあります。また、展示の前に来ると解説の音声が聴けるPDA（携帯情報端末）も導入しています。

　来館者には、希望すればＩＣカードとＩＤカードが配布されます。来館者は、各展示の読み取り機にカードをかざして見学履歴を持ち帰り、Webサイトにアクセスすれば、見学履歴を確認し、展示解説等の関連情報を引き

出すことができます。来館者は、情報の入手に追われるようなこともなく、展示物とじっくり向きあうことが可能になっているのです。このことは、子ども達が展示物についての情報を自らまとめ記録することの大切さを否定するものではありません。「情報を整理する」だけでなく、「書いて憶える」ことの意義に改めて思いを致す昨今です。

　情報端末の展示解説等は、公開されており、来館者に限らずすべての人々がアクセスできます。展示解説等を閲覧してから当館で展示物をご覧になることもできます。

　当館は、このようにＩＴ化により、人々が興味・関心等に応じて、個々の標本資料の解説を含む展示解説等の情報を入手、編集し、自分流の博物館、いわばパーソナル・ミュージアムを作って楽しむことなども期待しています。

　なお、館外からアクセスし閲覧できる情報には、知的所有権の観点からの制約があり、これを漸次拡充していくことが課題です。

Ⅱ－2. 連携協働のために

（本文関連：「地域の博物館と連携する」）

新しい博学連携を構築する

　学校教育と社会教育の連携、協力の必要性は、昭和40年代から指摘されてきました。いわゆる学社連携ですが、両者の関係は、我が国の伝統的で根深い学校教育重視の考え方の中で対等なものとはいえず、社会教育は学校教育を補完するものとなりがちでした。

　博物館と学校の関係も、その例外ではありません。ともすれば、学校側が博物館側を一方的に利用するという形であり、博物館の活動は、学校の教育活動に沿う形で実施することからくる制約を受けることも少なくありませんでした。

　このようなことを踏まえ、平成8年の生涯学習審議会答申「地域における生涯学習機会の充実方策について」は、学校教育と社会教育が両者の要素を部分的に重ね合わせながら一体となって子ども達の教育に取り組むという、「学社融合」の考え方を示しました。理想的な形といえますが、その実現は未だしの感があります。真の学社融合の実現のためには、学校教育と社会教育が対等の関係にあることが前提であり、博物館は、学校が教育課程として教育活動を実施するのと同じように、学校教育に配慮しつつも、子どもの知識、経験等に応じた独自の系統的な教育活動を用意することが必要です。実験、工作、観察等の体験活動や展示を活かした活動など博物館にふさわしい教育活動を工夫、開発し、体系化することが課題です。

　そして、学校、博物館は、それぞれの教育活動にメリットがある他の活動を自己の教育活動と関連付けて活用していくことが望まれます。学校教育において確かな学力が求められるときこそ、学校は博物館の活動を積極的に活用し、子ども達の知識を確かなものとし、生きた知識とすることが肝要であると思います。博物館は、学校教育のどことどう関係するのかを明確にした上で教育活動を行うなどの配慮も考えられます。いずれは、学校、博物館が知恵を出し合って新たな活動を両者共通の教育活動として創り出していくことも考えられます。

　学校との連携を行っている博物館の割合は、国際的にみても高いとはいえません。学校側の意識の問題もありますが、人材や経費面も含めて博物館

側が提供する教育活動が必ずしも十分でないこともあります。当館は、これから、学校側が手間と時間、費用をかけても博物館を利用したくなるような新しい博学連携を構築していきたいと思います。

学習指導要領を踏まえた活動を考える

　学校教育の特色は、どの学校も教室・実験室・運動場などの一定の施設設備を備えた場所で、教える資格（教員免許）を持った教員が、同一年齢の子どもたちごとにほぼ共通な内容を教科書で教えることです。そしてこの教科書に盛り込まれている中核的な内容、すなわち、子どもたちに教える内容を定めたものが「学習指導要領」です。学習指導要領は、教育の機会均等、教育水準の維持・向上という観点から定められた大綱的な基準です。文部科学省が社会の変化に対応してこれまでほぼ１０年ごとに改訂してきています。

　一方、博物館・公民館・生涯学習センターや塾・予備校などの教育施設は、誰が、誰に、何を、どのように教えるかなどは自由です。特に博物館には、学校にはない「もの」、「ひと」、「情報」などがあります。実物を中心として展開される体験的な学習、研究者・学芸員・ボランティアとの交流、情報端末などから得られる最新・詳細な情報があります。「もの」や「ひと」との出会いを通じて発見、感動し、実際に体を動かし、体験することができます。

　博物館はこれまでも学校教育の一環として様々な形で利活用されていますが、博物館側は学習指導要領というものをあまり意識しないで連携しているのではないでしょうか。むしろ学習指導要領というものにとらわれない方が博物館の特性を活かした教育活動が展開できるのかもしれません。しかし、学校教育では、基礎的・基本的な内容等の確実な定着のため授業時数の確保が求められてきており、今後、移動時間等を要する博物館利用が少なくなることも懸念されます。

　このような状況の中、学校教育において博物館利用を促進するためには、できるだけ学校が利用しやすい学習指導要領の趣旨を踏まえたプログラムを博物館側で用意することが求められます。学習指導要領の内容を理解し、博

物館の特性を活かしてどのようなプログラムを実施するのか、博物館の教育活動担当者の腕の見せどころと言えます。将来的には、教員と博物館の教育活動担当者が協働してプログラムを新たに創造していくことも望まれます。

平成20年3月に改訂された小・中学校学習指導要領「理科」では、科学への関心を高め、科学を学ぶ意義や有用性を実感させること、科学的な体験・自然体験の充実を図ることが重視されています。一方、国際的な調査によれば、日本の子どもたちの学力は上位に位置しているものの、学習意欲は低いとの結果が出ています。学ぶ意欲は感動的な体験から生まれます。学校と博物館が連携し、今回の学習指導要領の趣旨に即したプログラムを提供していくことで、子どもたちの科学的な体験学習が豊富になり、科学的な現象や自然を美しく感じ取る感性を育んでいくことになります。

体験学習プログラムを開発し体系化する

学校教育において、体験的な学習活動を一層充実する必要があると指摘されています。実験、観察、工作等の経験を通して、抽象的な概念は具体化して分かり易くなります。知識は生きた知識となって応用へとつながっていきます。驚き、発見、感動を味わい、感性を豊かにして好奇心や知識欲を刺激し、子ども達の多様な反応を引き出します。しかしながら、学校での体験的な学習活動は、指導の時間や場所が限定されがちで、内容や方法も十分なものとはいえない状況にあります。

このようなことから学校は、博物館に対し、教育課程に沿った展示等を活用する体験学習の提供を求めています。このことは、観察、実験等を通して問題解決能力を育てるとともに、学習内容を実生活と関連づけるなどの理科教育の改善の方向に沿うものです。博物館としても、この要請に応えることは、館の人的物的知的資源とこれまでの蓄積を積極的に活用できること、学校の適切な選択と使用により博物館利用が進むこと、子ども達が体験学習の楽しさを実感し、体験活動に意欲的に取り組むようになること等を考慮し、学校教育に対応する体験的な学習の場として博物館を位置付け、学校を支援

していくことが適当であると考えます。
　当館は、このような考え方に立って、理科、総合的な学習の時間、環境教育等の授業で使用可能な学校現場に直結した体験学習プログラムを開発し、体系化することにしています。授業の内容が教育的にも科学的にも面白い体験的な学習活動を通じて実生活に結びつくような学習コンテンツを作成するのです。これにより、学校の教育課程に対応する博物館の体験学習プログラム体系が構築され、色々な使用条件に応じて教育効果を高める利用方法を工夫することもできると考えています。
　そのためにも、体験学習プログラムは、指導計画、指導案、教材をセットにしたものとし、できる限り全国的な普及が可能なものとすることが望まれます。また、博物館の特色を活かして、展示資料や学校用標本の積極的な活用を図ること、子ども同士、子どもと教員や博物館職員の対話を重視すること、できれば展示場での発表等を行うことなど、展示を活用したプログラムにするのがいいと思います。
　このような体験学習プログラムを開発し、効果的な利用を進めるため、当館は、科博リエゾンを作り、学校や教員と連携協力していきます。
　これらの事業により当館は、理科教育、科学教育の充実のために、学校とともに主体的な役割を果たしていくことを目指しています。

授業に役立つ博物館を目指して

　当館は、かねてから理科等の授業で使用することができる体験学習プログラムを開発し、体系化することを目指してきましたが、平成１９年度から文部科学省の委託を受け、「科学的体験学習プログラムの体系的開発に関する調査研究」を実施します。この事業では、小中学校の学習指導要領に沿って博物館資源を活かす科学的体験学習プログラムを開発し、体系化すること、プログラムを実践するために学校と博物館との効果的な連携システムを開発すること、プログラムと連携システムを効果的に普及することにしています。
　プログラムと連携システムの開発に当たっては、それらの普及も視野に

入れ、多くの博物館、科学館、水族館、動物園等に参加してもらうとともに、できる限り学校側の要望に応えることにしました。学習指導要領との関係では、教科の単元に対応するプログラムを開発するという考え方に立ち、各学年を通覧して関連する単元をひとまとめにし、それに対応する体験活動を開発しました。その際、学校が利用しやすくするため、体験活動の内容や狙いを示すとともに、指導計画の例と具体的な学習活動の展開例を提示しました。

プログラムは、このように学校側が授業に使い易いことを第一義的に考えており、そのためにプログラムの開発に多くの学校や教員の意見を取り入れることとしています。そこで、平成２０年度には、「授業に役立つ博物館」を語る会を定期的に(月に１回)開催しています。これまでに作成されたプログラム等を提示し、参加者の意見等を踏まえて検討し、プログラムの完成度を高めていきます。そして、１２月には第１回の科学的体験学習プログラムの発表会を行いました。参加者はこの発表会について、６４％が「満足」、３３％が「やや満足」と回答し、高い満足度を示し、また、参加者の地域をみると、東京が最も多く、千葉、神奈川、埼玉と続き、鹿児島、新潟、秋田、滋賀など遠方からの参加もあり、関心の高さが伺え、本調査研究の全国展開の足がかりが得られた。

今回改訂された学習指導要領理科の「指導計画の作成と内容の取扱い」では、「博物館や科学学習センターなどと連携、協力を図りながら、積極的に活用するよう配慮すること（小学校）」、「博物館や科学学習センターなどと積極的に連携、協力を図るよう配慮すること（中学校）」とされています。学校側には、博物館に積極的に出向くことの困難さを指摘する意見も多く、開発プログラムを、校外学習だけでなく、普段の授業で利用できるようにするため、プログラム事例集の作成や一覧性の高い双方向性のあるWebページを開発することも重要な課題です。

プログラム開発では、体験活動の面白さをどう作るのか、学校では出合わないような経験をどう提供するのかなど、博物館側の真価が問われています。

特色を活かしたキャリア教育を工夫する

　産業・経済の構造的変化や雇用の多様化、流動化等を背景に、フリーターやニートの増加が社会問題になっており、キャリア教育の重要性が強く指摘されています。例えば平成１６年１月のキャリア教育の推進に関する総合的調査研究協力者会議報告書は、キャリア教育は子どもの個としての自立を促すもので、すべての教育活動を通して推進されなければならないとしています。

　キャリア教育は、子ども一人一人のキャリア発達を支援し、それぞれにふさわしいキャリアを形成していくために必要な意欲、態度や能力を育てる教育であり、端的には、子ども一人一人の勤労観、職業観を育てる教育です。子どもたちの望ましいキャリアの形成には学校だけでは不十分です。一人一人の成長・発達や様々な経験が総合的にかかわってくることから、キャリア教育が行われる場や機会についても、学校教育だけでなく、家庭教育、社会教育でも適切に行われるべきです。

　学校教育においては、これまで「進路指導」と言われていましたが、ともすると進学先、就職先の選択という狭い指導に陥っていたとの指摘もあり、生涯にわたってキャリアを形成していくための意欲・態度・能力を育てるという観点から「キャリア教育」として推進されています。キャリア教育の推進に当たっては、様々な取組を有機的に関連づけ、教育課程に適切に位置づけることが大切です。そのうち、職場体験やインターンシップ、ボランティア活動等の体験活動は、職業や仕事の世界についての具体的、現実的理解の促進、勤労観、職業観の形成、自己の可能性や適性の理解等の効果が期待され、実際に立脚した確かな認識を育てる上で欠かすことができません。

　博物館においては、このような学校側の必要性や意味付けに応えて職場体験やボランティア体験の場を提供してきましたが、必ずしも博物館の特色を活かしたキャリア教育を行っているとは言えない状況にあります。もう一工夫要します。

　当館の場合、職場体験、ボランティア体験のプログラムは、館内施設（事

務室、展示室、バックヤード、収蔵庫等）や総合案内業務の見学、教育活動業務や展示メンテナンス業務等の体験から構成されています。プログラムの作成に当たっては、単に職場を体験し、ボランティア活動を経験するだけでなく、多様な来館者とのコミュニケーションの場を提供し、自分の持つ知識を人々に伝えることの難しさを理解することを目標としました。また、来館者としては入ることの難しい場所（展示ケース内）に入り、職員と同じ仕事をし、展示を見せる側の工夫や思い等裏方の仕事の重要性を理解することなどを目標としました。わかり易く自分の考えを伝え理解してもらうことの必要性、相手の立場で考え行動することの大切さを、身をもって知ることは、子ども達の社会参加のために貴重な体験です。キャリア教育の原点ともいうべきこのような経験が十分できるようなプログラムを、引き続き工夫していきたいと思います。

子どもの博物館利用を促すプログラム

　学校の博物館利用の目的は色々ですが、教科等の教育効果を高めることを目的とすることが多いといえます。そこでは、一般に、教育課程に沿った展示等を活用した体験活動の提供が求められています。他方、博物館としては、学校の要請に応えつつ、子ども達が博物館利用の仕方を経験し、将来にわたって博物館を気軽に積極的に利用できるようにしたいと考えています。学校と博物館との連携は、お互いの特性を生かしながら両者の希望が満たされ、双方に利点があるように行われることが望まれます。

　この観点から博物館は、学校に対し、普段来館しないような子どもであっても、博物館に親しみを持ち、身近に感じられるようにする取組みをしてもらいたいと思います。そのため、学校の教育活動の一環として、少なくとも２回、子どもの博物館利用を実施してもらいたいのです。

　まず第１回は、博物館の雰囲気に親しむプログラムです。博物館での遊びを通じて、自分の好きな展示物や場所を見つけることを主眼に活動させ、様々なものに興味を持たせることが大切です。学校では、各人が興味を持っ

た展示物や印象に残ったことをまとめたり、子ども同士で対話するなどして、子どもの博物館体験を記憶に結びつけるようにします。次の第2回は、博物館の中で自分の課題を調べるプログラムです。学校では、グループによる学習を行い、各人が課題を絞って来館します。博物館では、詳細に展示を見学し、調べ学習等を行うなどして、子どもの博物館体験を深化させます。このように、「博物館は楽しい」と実感できるプログラムから「博物館で楽しく学ぶ」体験ができるプログラムまでを学校と博物館の連携協働により実現したいと思います。

　学力の向上が重要な課題となり、授業時数の確保のため校外学習が廃止、縮小されるなど博学連携を進める条件は、厳しくなっています。しかしながら博物館は、子どもが体験活動を通して自ら学び、成長に応じて自主的に楽しく学べる場です。子どもの時に、博物館利用の素地を作っておくことは大事なことだと思います。

　先のプログラムに続き、学校が協力して、子どもが土・日曜日等に主体的に博物館を利用する段階まで進むよう促すことができれば理想的です。

　当館は、これまでの実績を踏まえ、このプログラムを「科博楽習プログラム」として用意し、学校の相談に応じる態勢の充実を図ります。

科博リエゾンを作る

　「リエゾン」という言葉は、フランス語（liaison）で、(思考や物語) 脈絡、(料理) つなぎ、(兵隊) 連絡を意味するそうですが、現在の我が国では、一般に、大学が産学官連携や地域連携のために設置する事務所や窓口（リエゾンオフィス）のことをいいます。したがって、リエゾンの機能は、大学と企業等との橋渡しということができます。

　当館と学校が継続的に連携・協力を行うためには、学校における博物館の利用を積極的に促すなどの観点から、「科博リエゾン」を考えることが適当です。科博リエゾンは、博学連携の博物館側の窓口として、学校の教員と協働し、学校と博物館がそれぞれの教育活動を活用したり、共通する教育活

動を創り出したりする活動を行います。学校が博物館を利用するに当たりその指導案やそこで使われるワークシート、教材等を整備することもあります。

科博リエゾンの機能は、博物館と学校との橋渡しですから、その担当者は、当館の教育活動の実態と可能性はもとより、学校の教育活動についてもある程度の知識があること、できれば学校教育の経験があることが望まれますが、企業等の退職者を含め人材を広く募ることが大切です。必ずしも常勤である必要はなく、専任の職員の下に数名でリエゾンを組織し、博物館、学校双方の教育活動の相互利用の可能性をうまく引き出していくことが肝要です。

当館は、既設のティーチャーズセンターを科博リエゾンに拡充改組し、1名の専任の職員の下に3名の非常勤の職員を配置しています。現在、平成19年度から21年度までの3年間の予定で学校の授業等で活用可能な、教育課程に対応する科学的体験学習プログラムの開発とその利用推進を進めることとしています。その情報・概要については、当館のホームページ上に、先生と博物館をつなぐポータルサイト「授業に役立つ博物館」を開設し、順次公開しています。また、この最終的な成果は、平成21年度以降に順次全国の学校の教員や博物館の職員等に普及することにしています。

いずれ、リエゾン機能の充実をまって、我が国にふさわしいアフタースクールを構想、実施することも考えています。

科博スクールパートナーシップに期待する

当館は、平成18年度から科博スクールパートナーシップ制度を行っています。この制度は、高校生以下の子どもの入館料が無料であることを前提に、当館と幼、小、中、高等学校等が協働して、学校における博物館利用のモデルプログラムを開発、実施し、その普及を図ることを目的としています。この点、科博大学パートナーシップ制度が、当館と大学の経費分担により学生の入館料を無料としたり、自然史講座等の受講料を割引くなどして、学生の博物館利用を促すことを目的とするのと趣旨が異なります。

子どもの体験活動の充実等のために学校の博物館利用が望まれるにもか

かわらず、利用は単発的であり、中・高等学校の利用はごく少ないのが実態です。教員の博物館に対する意識も決して高いとはいえません。このような状況を改善し、学校教育に博物館の特色を活かした活動を効果的、効率的に取り入れる継続的な連携システムを構築するため、主として台東区の小・中学校等とともに、博物館利用の可能性について種々の実践を行うことにしています。

　具体的な連携としては、①理科等で活用するカリキュラムに沿った体験プログラム、②理科に関心の低い子どもに対する活動プログラム（科博楽習プログラム）、③中・高校生向けの職場体験、奉仕活動のプログラム、④放課後、休日における科学クラブ等の活動プログラム（アフタースクールプログラム）を共同で開発し、実施することとしています。連携は、これに限られるものではなく、むしろ、学校が当面する課題で博物館において協力、支援できるものを一緒に開発し、プログラムとして定着化していくことができれば、素晴らしいことと考えています。現実には、学校側の教育課程上の制約等もあり、その目的が達成されているとは必ずしもいえない状況にあります。

　連携プログラムのうち、中・高校生向けの職場体験、奉仕活動のプログラムでは、学校における職場体験や奉仕活動のねらいに加え、コミュニケーション能力の向上も目指す、博物館独自の観点からのプログラム開発ができました。科博楽習プログラムでは、「科学や科博は楽しい」と実感できるような活動を行った後に、「楽しく学びたい」と思えるように各人が課題を決めて調べ学習等を行うプログラムを開発しました。

　このような成果を積み重ねることにより、学校と博物館との新しい関係が作られていくことを期待しています。

大学と連携する

　当館は、大学博物館だけでなく大学と連携協力を積極的に進めています。連携協力には四つのパターンがあります。

第一は、自然史、科学技術史に関する連携協力であり、当館にとっては中核的な研究機関及び主導的な博物館としての機能を強化するためであり、大学にとっては決して十分とはいえない分野を補強するものです。これには次のようなものがあります。
① 当館では約70名の研究者により社会的有用性の高い自然史体系、科学技術史体系の構築を目指し、経常的な研究とともにプロジェクト研究を進めています。こうした研究には大学の研究者が当館の非常勤職員として、あるいは共同研究者として参画し、成果を共有しています。
② 標本資料については、当館はサイエンスミュージアムネット（S-Net）において研究者等の利用可能な自然史標本情報検索システムを稼働させ、全国の博物館や大学が所蔵する標本の横断的に検索ができるようにしています。大学では標本のデータベース化が遅れ、参加大学は5大学にとどまっており、その増加に力を入れています。
③ 東京大学大学院理学研究科、茨城大学大学院農学研究科、東京農工大学大学院連合農学研究科に、当館研究者が教授、准教授として教育研究に参画し、大学院生を受け入れ、指導しています（連携大学院）。いずれは総合研究大学院大学に参画し、自前の大学院生を指導することが課題です。日本学術振興会の特別研究員や外国人特別研究員も受け入れています。
　第二は、大学と社会、人々を結ぶ「発見！体験！先端研究＠上野の山シリーズ」の共催です。大学が特色ある先端研究について、展示や教育活動のノウハウを有する当館と協働で、その内容や意義、成果をわかり易く紹介するものであり、大学のアウトリーチ活動の拠点を形成する活動です。展示のほか、講演会・シンポジウムや子ども対象の実験・工作等が行われます。
　第三は、大学生の博物館利用を促す科博・大学パートナーシップ制度の運用です。当館と大学が応分の負担をし、学生について常設展の無料入館や特別展の割引、サイエンスコミュニケータ養成実践講座や自然史講座等の割引を行うものです。
　以上三つのパターンはどちらかと言えば当館が主体性を持ち大学が協力するという連携ですが、第四は大学が主体性を持ち当館が協力するという連携であり、授業での博物館の活用です。

これには、サイエンスコミュニケータ養成実践講座を大学院の授業科目として単位認定する等当館の教育活動を単位として認定するものと、授業において当館の展示を使用するものがあります。博物館は、展示を通して専門家と一般人を結ぶ架け橋です。人々は、感性を刺激され、示唆を受け、共に考える場です。大学が授業において、このような博物館の機能に着目して展示を効果的に使用し、学生が自ら課題を見つけ解決する能力やコミュニケーション能力を育てていくことが望まれます。

拡大する科博大学パートナーシップ

　平成17年度に開始した「国立科学博物館・大学パートナーシップ」に入会した大学は、４９大学に達しました。国立１２大学、公立１大学、私立３６大学です（平成２０年度）。
　科学技術創造立国を目指すとき、学生の科学技術への興味・関心を高め裾野を拡げるとともに、科学技術に係る活動に身を置こうとする学生を積極的に支援することは、博物館、大学の双方にとって重要な役割です。この観点から、当館は学生に対し多彩な学習の機会を提供し、大学は学生の学習機会の享受を援助する本制度を、両者が応分の負担をする形で実施することにしたのです。
　当館と協定した大学の学生は、無料又は特別料金で次の事業への参加ができます。①常設展への入館（特別展は常設展入館料相当額600円を値引き）－学生の来館促進です。②サイエンス・コミュニケータ養成実践講座の受講－研究者等を志す者が研究内容等をわかり易く伝えるコミュニケーション能力やコーディネート能力の育成です。修了者については、当館がサイエンス・コミュニケータとして認定します。③自然史・科学技術史講座の受講－人材養成ですが、地球生命史や人類の知恵の歴史を知ることは、科学技術の基礎です。④学芸員実習特別メニューの受講－学芸員実習の実質化を図るものです。なお、②、③については、大学が授業や単位として認定することが可能であり、学生にとってもそれが望まれます。いずれは、当館として単位認定

することも考えていきたいと思っています。

　その後、博物館が大学とパートナーシップを結ぶ例があり、大学生の奪い合いという向きもあります。当館は、若者の理科・科学離れに対応し、高校生までは当館の負担において、大学生は当館と大学、必要に応じて一部学生の負担において、展示や教育活動への積極的参加を促すためにパートナーシップ制度を運用しています。学生の無料入館だけでなく教育活動まで含めた総合的なパートナーシップ制度であるのが特徴です。学生からは、当館に対しても本制度に対しても好意的な評価が多く寄せられており、本制度による入館者数は毎年度確実に増加し、平成１９年度には約１９，０００人になりました。

　この制度等を通して、引き続き大学との連携を強化していきたいと思います。

大学の授業で博物館を使う

　ロンドンの科学博物館で巨大な蒸気機関を目にして、「教科書に出ていたあの『産業革命』の証拠がある」という気持ちになられた方は多いと思います。たとえ、この時代の英国産業の主な動力が水力であったことや、経済構造が即に金融に移行していたことを知識として知っているとしても、このような気持ちを抱かせる何かが博物館には備わっているのです。

　世界の大きな博物館を訪問すると、その国や地域の産業・技術や自然史関係の標本資料などを体系的に網羅しようとする姿を見ることができます。我が国の博物館にもそのような科学技術と学術に代表される人類の知を前進させるという基本的な役割があります。同時に、研究に裏付けられた教育活動により、学校教育と両輪をなして、国家や社会の発展の基盤となる人材を育成すると共に、長期的かつ文化的視点から未来の社会の在り方を提言し普及する役割も担っています。

　授業で博物館を用いる場合の代表的な形態が二つあります。一つは、展示や活動をそのまま使って、直接的に教科書の内容を補完して効果的な学習

に結びつける方法です。これは、展示や活動を一つの完成された知のパッケージと見なす手法で、順を追って学習することで容易に次のステップにコマを進めることができます。もう一つは、その博物館が知の体系として提供している展示や活動、あるいは学説やストーリーを完成品とは見なさず、個々の事物や事象やそれらの解釈の過程に遡って吟味するといった方法です。こちらは、先達者の手法を学ぶことで困難な課題を前にしたときに、大本に遡って別の道を選択することを可能にする力を涵養します。

　私たちが生活する現実の世の中では、同じ事象や現象のデータからでも、異なる解釈や理論が導き出されることは少なくありません。多様な視点が次の知の体系を作るきっかけとなります。学生の段階から、自らの論に基づき、博物館に保存されている実際の事象・現象やそれらを扱う人や技術を用いて、論を裏付け、発展させ、世に問うて、また自らの論に反映させていく経験に習熟することはとても重要です。

　現代の私たちの生活を取り巻く多様な問題を前にするとき、複数の事象を横断的に捉えることや、中身を解きほぐし、注意深く考察して事実に基づいた論を構築していくことは、いずれも欠かせない行為です。発想の原点を知ることにより、行き止まりとなった知の道を分岐点まで遡及して別の道を選んだり、他の領域の知を組み合わせたりすることにより、大きなブレークスルーをもたらすことが可能となります。

　「大学の授業で使う博物館」は、学問を体系的・体験的に学ぶ場という使い方に加えて、蓄積された知を鳥瞰したり、事象の把握から解釈に至るまでのプロセスを学習したりする場として、研究者をはじめ社会の様々な分野で活躍できる人材の育成が期待される貴重な機会です。

大学の単位認定を要望する

　当館は、科博・大学パートナーシップ事業として、当館の職員が中心となってサイエンスコミュニケータの養成や自然史の講座等を実施しています。そのうち「サイエンスコミュニケータ養成実践講座（SCI）」が、平成19年度

に筑波大学大学院の単位として認定され、現在に至っています。

　ところで、大学院の教育課程の編成方針について大学院設置基準は、「大学院は、当該大学院、研究科及び専攻の教育上の目的を達成するために必要な授業科目を自ら開設するとともに学位論文の作成等に対する指導の計画を策定し、体系的に教育課程を編成するものとする」と定めています（第11条第1項）。この規定は、各大学院が定める修了の要件を満たす単位数に算入することができる授業科目については、自ら必要な教員組織、施設、設備を備え、その指導計画の下で開設するべき旨を明らかにしたものです。大学院が授業科目のすべてをその大学院のみで行うことを求めるものではなく、その大学院以外の教育施設等と連携協力して授業を行うことも認められます。その場合、大学院が主体性と責任をもって大学院の授業として適切に位置づけることが必要です。

　大学の教育課程についても同趣旨の規定があり（大学設置基準第19条第1項）、インターンシップ、教育実習等がその大学以外の教育施設等における授業とされています。

　筑波大学においては、生命科学研究科の授業科目として当館を教室とする「サイエンスコミュニケータ養成実践講座」（4単位）が開設され、情報伝達力・コミュニケーション力を養成する大学院の共通科目（バランスのとれた研究者や高度専門職業人となる糧として履修が期待される科目）に指定されています。講座が大学の主体性と責任の下に行われることを担保するため、実施責任者・コーディネーターである大学の担当教員の下に、当館の職員が非常勤講師として単位認定を行います。これにより、筑波大学の大学院生が当館のサイエンスコミュニケータ養成実践講座を履修すれば、大学院の単位を取得できます。

　サイエンスコミュニケータ養成実践講座は、大学院生を対象とする大学院教育に相当する水準の講座であること、大学院外で提供される講座等を積極的に活用することが大学院のカリキュラムの豊富化になり、また、学生のモチベーションの向上に資することなどから、当館は、各大学に対し筑波大学の例等も参考に単位として認定することを要望しています。

　また、自然史講座についても、大学の単位として認めることを要望して

います。

大学と社会をつなぐ
－大学のアウトリーチ活動の拠点として－

　科学が高度化すればするほど、国民が研究内容を正確に理解することが困難になります。大学や研究機関が、科学活動の内容や成果を社会に対して分かり易く親しみ易い形で説明し、人々と対話しながら信頼感を育てていくアウトリーチ（Outreach）活動を推進することは、大切な責務です。科学者や技術者には、アウトリーチ活動を大事な仕事として受け止め実践していくことが望まれます。

　当館は、国民の科学理解増進の場として企画展示室（約２８０㎡）を提供し、大学等がアウトリーチ活動を行う機会を創っています。「発見！体験！先端研究！＠上野の山シリーズ」で、平成１４年度から実施しています。大学は、特色ある先端的な研究の内容、意義、成果等を展示して分かり易く紹介し、研究についての理解を得るとともに、広く大学の活動を知ってもらうことができます。当館にとっては、関連する常設展示の深化や拡充となるだけでなく、多数の人々に最新の研究の動向等を知っていただくメリットがあります。

　これまで、数多くの大学が当館と共催して、先端的な研究について、展示とともにワンセットで、講演会、シンポジウムや観察、実験、工作等の体験型の教育活動を行ってきました。展示は、２週間ほどですが、その間、研究者や大学院生等が常駐し、展示解説はもちろん、疑問や質問に答えたりします。

　幸い多数の人々に興味をもってご覧いただき、大学からも研究活動の周知を含め感謝されています。子ども達にもやさしく話す、研究の面白さを伝えることは、特に若い研究者等にとって、情報伝達を工夫し、それを身につけるという意義もあると思われます。

　なお、大学は、大学案内コーナーの設置、大学グッズの販売、ホームカ

ミングデーの開催等も可能です。また、地元の観光協会や地方公共団体等と連携した地域PRコーナーの設置等も考えられます。

　このようなアウトリーチ活動の拠点として、展示や教育活動にノウハウを持つ当館の協力への期待は大きいといえます。当館は、引き続き大学等のアウトリーチ活動を積極的に支援し、大学と社会、人々をつなぐ、アウトリーチ活動の拠点となる事業を進めていきます。

　なお、平成21年には、10月から12月にかけて10大学の参加を得て「大学サイエンスフェスタ」を開催することにしています。

地域の博物館と連携する

　当館は、唯一の国立の科学博物館として、全国の科学系博物館等のナショナルセンターとしての機能を果たしています。

　自然史や理工系の博物館、科学館、動物園、水族館、植物園等は、全国科学博物館協議会（全科協）を組織していますが、当館は、昭和46年の全科協発足以来、理事長館を務めています。全科協は、学芸員専門研修（当館と共催）、海外科学系博物館視察研修と報告会、研究発表大会等を実施するとともに、機関紙全科協ニュースを年6回発行するなどの活動を行っています。今後、さらに加盟館園のネットワーク化を推進し、多様で高度な情報の共有と連携協力による新たな価値の創造に向けた取組みを進めることが課題です。

　新たな価値を創り出すという観点から当館は、科博コラボ・ミュージアムを実施しています。当館と地域の博物館や科学館が連携協働し、それぞれの地域の自然、文化、産業などに関連したテーマで展示、講演会、体験教室等の活動を行うものです。プログラムは、両者が共同で企画、開発することとしており、できる限りプログラムの新規性や独自性を出すようにしています。地域の博物館や科学館が単独ではなかなか実現が難しいプログラムに当館が協力することにより、地域の科学の普及に寄与するとともに、地域の博物館等を支援することを狙いとしています。

　当館は、プログラムの内容に応じて、研究者や職員の派遣、標本資料の

展示、運搬等を行いますが、教育ボランティアを派遣して両館のボランティアがイベントを行うこともあります。このような科博コラボ・ミュージアムの実施に要する経費は、個人や法人等の寄附による賛助会費でまかなわれています。毎年３～５回程度行っていますが、事業の質を高めつつ地域住民の期待に応えられるプログラムをどう作るかが課題です。

　当館は、また、地域の博物館の求めに応じて、標本資料の貸出しや研究者等の派遣、展覧会等の企画、実施の支援、巡回展の開発、運用等の活動により、地域の博物館に協力しています。

　平成２０年は子年。当館の常設展示にネズミや名前にネズミのつく剥製がこんなにあったのかとびっくりしましたが、その一部がミュージアムラリーで取り上げられています。ネズミは子孫繁栄の意もあります。博物館を取り巻く状況は厳しいものがありますが、地域の博物館と手を携え、共に、今後の発展を期したいと思います。

巡回展を工夫する
　　―ノーベル賞受賞に関連して―

　2008年のノーベル物理学賞を南部陽一郎米シカゴ大学名誉教授、小林誠高エネルギー加速器研究機構名誉教授、益川敏英京都大学名誉教授が受賞し、ノーベル化学賞を下村脩米ボストン大学名誉教授が受賞しました。物理学賞、化学賞ともに日本人の受賞は６年ぶりですが、これにより日本人のノーベル賞受賞者は１６人になりました。

　今回のノーベル賞受賞は、人間の本性である知的好奇心の大切さを改めて感じさせるとともに、経済発展に直結する技術的観点からの研究とともに、基礎研究の重要性と、それらのバランスをとることの必要性を認識させるように思います。

　ノーベル賞に関連して、当館は、平成14年に「ノーベル賞100周年記念展」を開催しました。ノーベル賞100周年（平成13年）を記念し開館されたノーベル博物館が作成した世界巡回展示に、日本人受賞者コーナーを加え、受賞

に結びついた功績の背景を中心に展示したものです。

　当館は、この日本人受賞者コーナーを受けて、巡回展示「ノーベル賞を受賞した日本の科学者」を作成しました。科学系の受賞者9人についての解説パネル、ゆかりの品（レプリカ中心）、受賞者に関する映像等で構成されています。平成17年から全国の博物館等の巡回を開始し、平成19年度まで毎年5館を巡回しました。今回の受賞者4人を加えた新たな巡回展は、平成21年度から開始します。

　現在行っている巡回展は他に「昆虫ワールド」と「台風がやってきた！」があります。「昆虫ワールド」は、当館が作成し、平成18年度から巡回を開始し、平成21年度に終了する予定です（今後の予定を含め6館を巡回）。「台風がやってきた！」は、（財）日本科学協会が作成し、全国科学博物館協議会が募集する方式で平成19年度から巡回を開始し、平成23年度に終了する予定です（これまでに14館を巡回）。

　巡回展は、展示キットの運搬や設営等の経費をどう負担しあうかが問題です。受入れ館側が負担する場合は、「昆虫ワールド」に見られるように需要が次第に減ってきています。それに対し、主催者側が負担する「台風がやってきた！」は、根強い需要があります。

　そこで、当館は、受入れ館側の経費負担を大幅に軽減するため、（財）科学博物館後援会と協力して移動展示を実施することにしました。日本館のホールで人気のあった恐竜アロサウルスを移動展示として作成し、平成21年度から全国展開することとしています。なお、移動展示は、展示物が大型のものなど運搬、設営等に多大の経費を要するものを対象とする考えです。

産学官連携を進める

　大学の使命として、教育、研究に加えて社会貢献を標ぼうするようになり、大学の知に注目が集まっています。世の中に役立つものはすべて社会貢献であるという考え方が強くなりました。社会貢献をこのように幅広く捉える中で、産学官連携は飛躍的に拡大しました。知の創造と活用を図ることに大き

な価値を置く知識基盤社会の到来、そして合理的な大学運営の必要性等を背景とするものです。

産学官連携の「官」には、研究開発型独立行政法人等の公的資金で運用される政府系試験研究機関が含まれ、当館もこれに該当します。当館は、展示や教育活動について、これまでマスコミ、企業、大学等と共催したり、その協力を得て実施してきました。これは、博物館本来の事業における産学官連携であり、今後とも積極的に進めていきます。課題は、新たな博物館の事業というべき社会貢献における産学官連携をどう考えるかです。

研究者はよく企業等の事業に関し技術的、専門的な支援等を行っていますが、この中には産学官連携に相当するものがかなりあると思われます。博物館についても、大学と同様な背景の下に社会貢献を明確化し、その推進を図ろうとするとき、その重要な要素となる産学官連携にきちんと対応していくことが必要です。

当館の社会貢献における産学官連携としては、企業との共同研究、受託研究等研究面での活動、企業の展示やイベントの技術指導等研究者によるコンサルタント活動等が考えられます。ただし、著作やテレビの出演等は、一般的には研究者個人に対する依頼であり、館と企業等との関係である産学官連携には当たりません。どこまでが個人で、どこからが館としての対応になるのかは、ケースバイケースで判断することになります。なお、パーティー等のための施設貸与はもちろん、標本資料の貸出しも、単なる貸与で技術指導や支援等を伴わないものは、たとえ企業に対するものであっても産学官連携ではありません。

産学官連携は、目的、役割を異にするセクター間の連携ですから、その違いをお互いに理解し尊重しつつ、双方の活性化に資するような連携を図ることが肝要です。広く社会の文化化に寄与すべき博物館がその活動を活発にし、社会の信頼を得て発展するには、産学官連携は有益な手段ともいえます。当館は、今後、より主体的、組織的に産学官連携に取り組んでいきます。そのため、研究者をはじめ職員の意識改革と、当館のシーズを積極的に発掘し、利便性を強調しながらわかり易い表現で発信することが大事だと思います。

地域との連携を強めたい
－国際博物館の日に－

　毎年5月18日は、国際博物館の日です。国際博物館の日は、国際博物館会議（ICOM＝イコム）によって提唱され、1977年（昭和52年）に設けられました。世界の博物館が5月18日当日及びその前後に、イコムが定めるテーマを中心に記念行事を実施します。その目標は、博物館が創意に富んだ努力、意欲に対し一つの核を与えるとともに、世界の人々の関心を博物館の活動にひきつけることです。

　我が国では、イコムと連動して、（財）日本博物館協会と加盟各支部が協力し、5月18日を中心に全国的に記念行事を行い、博物館が社会に果たす役割について広く訴えることにしています。記念行事は、4月末日から5月末日までの約1ヶ月間、イコムが定めるテーマに沿って、各支部各館の実情に合わせて行われます。

　日本博物館協会が国際博物館の日の事業を始めたのは、2002年（平成14年）からです。近年のテーマである「博物館は文化の架け橋」や「博物館と若者は未来を拓く」等に象徴的に示されるように、博物館は、様々な文化と文化の結び目となり、若人にとって世界を理解する窓ともいえます。このような博物館の機能を考えると、博物館は、地域との連携を大切にし、人々の博物館に対する理解を深め、その利用を促すことが肝要です。国際博物館の日は、その良い機会です。

　当館は、毎年、積極的な取組みをしてきました。例えば常設展の無料入館、技術の達人によるものづくり教室、研究者と語ろう等々です。また、上野のれん会の協力を得て、携帯電話で博物館を撮影し応募するフォトコンテスト、博物館のチケットの半券を持参した者に対し加盟店が割引等をするクーポンサービス等を行いました。博物館で2つ、加盟店で1つスタンプを集めると景品が当たるスタンプラリー等、博物館と地域との連携イベントを実施しました。上野の山の博物館等と地元商店街との回遊性を高めることを狙いとしたものです。これからの地域との連携は、博物館の事業に地域が単に協力するということではなく、双方向でお互

いに利益が得られるような事業が望まれます。それを求めて工夫してきましたが、これからもどんな事業ができるのか、相談していきたいと思います。

コラボ「上野の山博物館」を構想する

　人々の興味・関心が多様化し、知的要求も高度化するとき、博物館等の諸施設が共通のテーマの下にそれぞれの事業を行う、諸施設連携事業を実施することも考えられます。各施設は、相互に連携を図りつつ、その有する人的物的知的資源を活用し、その施設にふさわしい事業を行うことにより、これら諸施設の事業全体で単独の施設では対処しきれない、そのテーマが包摂するいろいろな課題に効果的に対処しようとするものです。

　例えば、諸施設連携事業のテーマを「桜」にします。博物館、美術館、図書館、大学等の各施設が独自の切り口で桜に迫ります。A施設は標本資料を用いて分類・進化等の自然科学的なアプローチをし、B施設は収蔵する絵画等を展示し、C施設は人と桜の関係等文化史的側面を取り上げ、D施設は図書においてどう扱われてきたかを、E施設は桜に関する演奏をするなど、各施設が役割分担の下に事業を行います。これらの多彩な事業を通して、多くの人々にテーマ「桜」について総合的に理解し、考え、楽しんでもらいたいという趣旨です。

　コラボレーション、すなわち協力、協働などとよく言われますが、単に協力して物事を行うことにとどまらず、相互に影響しあいながら新しい価値を創造することが大切です。諸施設連携事業により人々に新たな物の見方や考え方を提示できる、いわば「コラボ上野の山博物館」ともいうべきものを構想したいものです。コラボ上野の山博物館の実現は、率直に言って、テーマの設定、各施設の事業の内容・方法、日程の調整等種々の困難があります。そこで、例えば、国際博物館の日（５月１８日）の前後に、上野の山諸施設全体の存在意義をアピールする象徴的な事業として、試行的に小規模にやれるところで実施してみるのも一案ではないかと思います。

筆者は、かねてからこの構想を提言しており、平成18年4月に東京新聞の座談会で「上野発未来列車－同一テーマで施設融合－」として紹介されたりしました。それが、このたび、上野公園を緑と文化・観光の拠点として再生するために東京都が設置した「上野公園グランドデザイン検討会」報告（平成20年9月）において、上野公園内の文化施設の集積を活かした連携による相乗効果を発揮させる組織として、ミュージアムコンソーシアムの設立が提言されています。その実現に向けて着実で効果的な第一歩をできることから踏み出したいものです。

「うえの桜まつり」で上野の山コラボを行う

　第58回を迎える「うえの桜まつり」は、平成19年3月20日から4月8日まで3週間にわたり行われます。上野観光連盟が主催し、上野公園内にボンボリ約1300個を点灯し、夜桜の雰囲気を醸し出すことなど種々の催しが行われます。人出は、200万人を超えるとのことです。

　第58回の「うえの桜まつり」では、これに協賛するような形で「上野公園コラボ・イベント」を実施しました。上野公園の国、都、区、民間の13もの施設が連携協力し、「春・うえの・桜」をテーマに、それぞれの機能、特色を生かしてその施設にふさわしい活動を行いました。準備期間も短く、施設間の連携も必ずしも十分とはいえない状況の下で、3月から4月にかけて展示、講演、演奏等多岐にわたる活動ができたことは、今後を期待させるに十分といえます。この事業は、地域の活性化に直接寄与する社会貢献活動といえると思います。

　筆者は、2年ほど前から事柄を総合的に把握できるこのような構想を「コラボ上野の山博物館」として提唱してきました。こんなに早くしかも多くの施設の参画を得てこれが実現できたことは、大変喜ばしく、関係者に感謝いたします。この実現は上野観光連盟をはじめとする地元の方々の桜そのもの、そして桜まつりに寄せる思いがあずかって大きかったと思います。改めて地域社会との結びつきの大切さを実感したところです。

当館のイベントは、「さくら・桜・サクラ」と称し、展示、講演会を実施しましたが、その一部として「全国サクラだより」の活動を行いました。これは、全国各地の博物館等から送っていただいた近辺の桜の開花写真を当館のプラズマ画面で、提供館の案内とともに紹介したものです。3月初めから5月下旬まで全国の桜情報をご覧いただきました。ちなみに、開花は花が5～6輪咲いた状態をいい、一般的に標高が100m高くなるごとに約2～3日遅くなるとのことです。

　また、このイベントにかねてから賛同いただいている寛永寺からの依頼により、同寺所蔵の上野の桜を描いた浮世絵を「絵で見る上野の桜 - 江戸・明治の上野絵巻 - 」のテーマで当館で展示しました。

　当館は、社会の諸セクターとの連携協働を重視しており、その一つとして、今後例えばペット等を共通のテーマに上野の山コラボ・イベントを実施できれば、これも面白いのではないかと考えています。

国際博物館会議（ICOM）の活動に参加する

　国際的な博物館組織である国際博物館会議（ICOM・イコム）は、1946年に設立され、パリに事務局があります。現在、約26,000名の会員を擁し、執行委員会、諮問委員会のほか118国の国内委員会、8の地域団体、30の国際委員会及び17の関連団体により構成されています。

　博物館や博物館の専門家による世界の自然・文化遺産の保全・維持活動、社会とのコミュニケーション活動などの支援を行う非政府機関(NGO)です。博物館の専門家の間の協力・交流の促進、知識の分配、人材教育、専門水準の向上、専門倫理の精緻化と促進、文化遺産の保護、文化財の密売への対処など、博物館からの専門的要請に答えることを目的としています。その目的を達成するために、3年に一度の総会や毎年世界各地域で開催される会議やフォーラムを通じて活動を行っています。

　また、ユネスコ（国際連合教育科学文化機関）と公式な協力関係を結んでおり、国連の経済社会委員会の諮問機関としての役割も果たしています。

我が国は 1952 年に加盟し、これまで、3 年ごとの総会や博物館の目的別に設置された多くの国際委員会への参加や、市民の博物館理解や博物館の相互連携の強化を目的に全世界で実施されている 5 月 18 日の「国際博物館の日」への参加を通じて、主に欧米との交流を深めていました。

　しかし、国際化の進展に伴い、文化財の不法輸出入防止、博物館マネジメント担当者や博物館資料収集・管理（キュレーティング）を行う学芸員等の育成、資料（標本）や展示物の相互貸与、自然史標本や生態（目撃）情報の流通など国を超えた博物館連携の促進がアジア諸国から強く求められています。

　しかしながら、ICOM の地域組織である ICOM-ASPAC（アジア・太平洋地域）は、2003 年に、「盗掘や窃盗、文化財不法持ち出し」などに対してどう闘っていくのか、とのテーマでワークショップをスリランカで開催しましたが、紛争地域や政治的混乱におかれた開発途上国での課題が中心であり、我が国からの参加者は有りませんでした。また、展示物相互貸与のための基盤（インフラ）である展示室環境改善や輸送技術の確立が開発途上国では遅れており、日本との博物館を通じた文化交流が遅滞しています。自然科学の分野においては、各国博物館の専門家の交流や標本情報や生態情報の電子化・公開が遅れ、国際的な生物多様性情報ネットーワークへの参加も停滞しています。

　このように、アジア・太平洋地域の博物館との連携が弱く、上記の課題に対して、周辺国との国境を超えた博物館連携が展開できない状況です。今後、アジア・太平洋地域の博物館連携を強化し、各国博物館活動の振興を図るためには、ICOM 総会だけでなく、地域組織である ICOM-ASPAC 会議などを通じた日本の国際貢献が不可欠です。

　この状況を踏まえ、我が国は２００９年１２月に、ICOM-ASPAC 日本会議を「アジア太平洋地域における博物館の中心的な価値の再考と地域遺産」をメインテーマに開催することにしております。

Ⅱ-3. 広範な利用のために

(本文関連:「敢えて「milsil」を創刊する」)

ホームページは利用者本位で

　当館のホームページの平成１９年度の利用状況は、トップページへのアクセス数が約１９５万件、各ページへの総アクセス数が約３億４，３００万件であり、年々大幅に増加しています。当館が行っている来館者満足度調査によれば、「来館の主なきっかけ」におけるホームページの割合は、平成16年度末の５.９％から平成１９年度末には１０.２％になっています。ホームページの影響力は、確実に増大しているのです。

　当館は、社会への情報発信を重視しており、ホームページは、関係法令、組織、財務、調達等の情報、展覧会、教育活動、イベント等の広報だけでなく、当館の活動の全体像が把握できるようにしています。例えば、①日本館、地球館の情報端末で提供している常設展示の解説、②過去の特別展や企画展等のアーカイブ、③日本の海藻百選、植物図鑑、日本産鉱物標本データベース等の図鑑的アーカイブ、④バーチャル磯の動物観察会、実験バンク等、自然観察や科学実験のノウハウ等の体験型学習コンテンツ、⑤アパトサウルス公開研究レポート等、研究や展示作り等の活動、⑥収集した資料を分類し、データベース化し、画像とリンクさせた日本の魚類データベース、日本産変形菌類標本データベース、人骨標本コレクション等を紹介、公開するとともに、⑦全国の科学系博物館等のWeb情報や標本情報をサイエンスミュージアムネット（S-Net）として公開するなどです。

　ホームページは、誰でもいつでもどこからでもアクセスでき、人々に博物館の運営方針や活動状況等を知っていただく上で、博物館の顔ともいえる重要性を有しています。集客のためにもブランド価値の向上のためにも大切です。当然のことですが、魅力的なイメージ作りと、階層性や記述の内容・量等行き届いた情報の整理、すっきりと統一されたデザイン等親近感の持てる雰囲気での情報の提供が課題です。当館を利用する人、利用したい人、あるいは利用して欲しい人が求めている情報が、使う人の身になって分かり易い形で提供されているか、最新の情報が提供されているかなど利用者のニーズを優先する観点から、ホームページの構成と編集について不断の改善工夫を図っていきます。平成２０年度のリニューアルでは、トップページについ

て閲覧者が情報の選択がしやすいポップアップを用いるとともに、トップページのバナーやアイコン等の配置を再検討し、特別展・企画展や教育活動・イベントのバナーをトップページに持ってくるなどしました。また、イベント等の申込みがホームページからできるようにするなど機能の改善を行いました。もちろん、常に新しい情報を提供するとともに、アーカイブの充実が図られるようにしています。

　ホームページに関連して当館は、平成19年度から携帯版ホームページを開設しました。館の情報を直接伝達できるメリットを生かし、利用案内、展覧会の概要、イベントの紹介等のほか、特別展、シアター36〇、レストランの待ち時間をリアルタイムで配信しています。国内の博物館では初めてのことだそうです。携帯サイトのアドレス、QRコードは、ポスター等に印刷されています。なお、同年度の総アクセス件数は、１０６万件、待ち時間のアクセス件数は１７万件でした。

ホットニュース解説を発信する

　平成１９年１２月の科学技術と社会に関する世論調査（内閣府）によると、ふだん科学技術に関する知識をどこから得ているかについて、テレビをあげた者の割合が最も高く、以下、新聞、インターネット、一般の雑誌、家族や友人との会話などの順になっています。前回平成１６年２月の調査に比較すると、テレビをあげた者の割合が低下し（87.2%→83.9%）、インターネットをあげた者の割合が上昇しています（10.9%→19.2%）

　ところで、科学館、博物館をあげた者の割合は、今回も前回も僅か３〜４%です。これは、科学館、博物館が身近に存在しないこと、利用者にとって子どものための施設とのイメージが強く、現に教育活動が子ども中心であることなどがその原因と考えられます。

　博物館は、生涯学習機関として社会を文化化し、人々の知的活力の維持発展に資することを期待されています。それに応えて博物館は、科学に関する情報を積極的に発信し、多くの人々が博物館を科学に関する知識を得る場

（情報源）として認識できるようにしていくことが必要です。

　当館は、情報源としてのインターネット利用の増加を踏まえ、科学に関するホットニュース解説をホームページに掲載し、人々の科学理解増進に寄与していくことにしました。具体的には、新聞や雑誌等で取り上げられた事項、研究者がつかんだユニークな事項等、話題性の高い科学に関する新たな知見や出来事等をホットニュースとして、月２回（１日と15日前後）発信しています。その際、当館らしさを出すため、ホットニュースの解説とともに、研究者のインタビュー、関連する展示や教育活動、イベントの紹介等も用意します。このように、定期的にホットニュースを発信することによって利用者の意識の中での習慣化を図り、ホットニュースは当館のホームページで分かり易い形で、しかも深く知ることもできるという認識を拡げていきたいと考えています。

　前記の世論調査によると、地球環境問題、生命に関する科学技術や医療技術、エネルギー問題、新しい物質や材料の開発、宇宙開発、安全や安心に関する科学技術等が科学者や技術者から話を聞いてみたいテーマとなっています。ホットニュース解説では、このことも念頭に置き科学全般から話題を選択することにしていますが、やはり、当館の研究や当館の研究者が何らかの関連をもつ研究等に係る話題が中心になると思います。

　なお、ホットニュース解説のうち特に重要なものについては、展覧会（ホットニュース展示）を行うことにしています。

メールマガジンを配信する

　当館では５年前の平成15年５月18日にメールマガジンの創刊号を発刊し、以後、週刊で、毎週木曜日の午後１時に発行しています。内容は、館職員等のエッセイ、展示や教育活動などの催しの紹介を中心としています。このうち、館職員等のエッセイの内容は、館長による博物館経営に関するもの、研究者による自然科学、研究、展示などに関するもの、事務系職員による上野周辺の紹介、友の会会員による上野の鳥の観察などで、発刊当時は旧職員

による上野の植物についてのエッセイもありました。

　メールマガジンを発刊した目的は次の四つです。

　第一は、展示や教育活動の予定や魅力を知っていただくことで来館への動機につなげていただきたいということです。さらに、当館周辺の魅力を知って当館への来館に付加価値を感じていただきたいということです。このことについては、特別展、企画展やイベント実施の際に見学者・参加者のアンケートを取ると、年々、メールマガジンで情報を得たという方の比率が高くなっており、着実に効果を発揮しています。

　第二は、博物館運営の方針、趣旨、展示や研究の目的や背景などを知っていただくことで、当館についてより広く、深く理解していただきたいと考えています。

　第三に、当館への理解を深めていただくことにより、当館に親密感、つながりを感じていただき、一人でも多くの応援者、協力者、支援者を作りたいということです。それは、リピーターになっていただく、新聞やテレビなどで当館や当館の研究者が出たときに親しみを感じていただく、さらに、当館がこんな展覧会をやっている、こんな博物館だということを回りの方に伝えていただくなどから、賛助会員になっていただくなど、さまざまな段階で応援していただける方が少しでも増えてほしいと願っています。

　第四に、当館がナショナルミュージアムであることから、全国各地の科学系博物館の展覧会情報などを発信するということです。

　現在、メールマガジンの登録者数は８５００人を越え、関東地方を中心に全国に読者がいらっしゃいます。一昨年から全国科学博物館協議会の展覧会情報の紹介の際にチケットプレゼントをしたり、メールマガジンの登録者が何千人を突破したなどとプレゼントをすると多くの方から応募があり、その際にメールマガジンの感想等をお寄せいただいています。励まし、助言なども多く、多くの皆様から支えられていることを実感しています。

　今後も、メールマガジンが社会のさまざまな方々と直接結びついている重要な媒体、絆であることを認識し、さらに魅力的なメールマガジンに成長するよう、工夫を重ねるとともに、早く１万人に達するよう広報等に努力していきたいと思います。

敢えて「milsil」を創刊する

　当館は、平成20年1月に自然と科学の情報誌「milsil」を創刊しました。隔月で年6回発行、発行予定日は奇数月の1日、定価は400円です。milsil（ミルシル）は見てみる、聞いてみる、やってみるのmil（ミル）、そのような挑戦から新たに知るのsil（シル）です。読者がこの雑誌と共に楽しいミルシル体験をされることを願って、このタイトルにしました。

　新雑誌は、当館の特色を踏まえ、人々に対して自然や科学に関する情報を発信し、適切な知識や判断力をもって諸課題に対応していくための科学リテラシーの普及、向上に資することを目的としています。誌面は、専門的レベルを維持しつつも、ビジュアルで平易な表現を心掛け、自然と科学の世界の面白さ、不思議さを訴えかけるようにしました。多様なテーマを選定し、諸機関の研究者等の協力を得て、幅広に知の楽しさを提供していきます。また、親が子どもの興味や想像力を拡げるような実験等に関する親子のページを設け、子どもの科学する心をどう育てるかを共に考えていきます。標本の世界も紹介します。

　当館は、唯一の国立の科学博物館として、広く人々に活動の成果等に触れてもらう機会を拡充することを、中期目標でも指摘されているように、重要な課題としています。新雑誌の発行もこれに応えるものですが、科学雑誌という性格上、早急な全国化は困難です。当面、東京周辺がターゲットになりますが、各地域の博物館や科学館等に配布することなどにより知名度を高め、定期購読を増やしていくことを考えています。いずれは、インターネット配信等をしていきたいものです。

　Web上で必要な情報が入手できるのに、敢えて紙媒体の雑誌を創刊したわけですが、雑誌にはパラパラめくって全体がわかるという一覧性があること、保存し、くつろいでじっくり見られること、グラフィカルな作りで、分かり易く楽しめることなどの利点があります。科学を文化としてみる気風を醸成し、生活の中に溶け込ませていく上で、紙媒体の持つ効果は決して少なくありません。東京大学が平成20年4月に総合学術誌「アカデミック・グルーヴ」を出版し、知の現場から中高生等に学問の面白さを伝えているとのこと

です。知の楽しさを味わうために紙媒体が重要な役割を果たすことを踏まえた取組みのようにも思われます。

　なお、昨今商業的な科学雑誌がふるわないなか、草の根の科学への探求への灯を消さないよう、科学リテラシーの向上をうたい、刊行された主な科学情報誌として milsil が朝日新聞（平成２０年７月２５日）に紹介されました。当館は、milsil にかけた思いが実り、新雑誌が成長していくように引き続き努力と工夫改善を続けていきます。

サイエンスミュージアムネット（S-Net）を運用する
― Web 情報検索と自然史標本資料情報検索 ―

　当館では、全国の科学系博物館や大学等の協力を得て、科学関係情報に特化したポータルサイト（インターネットにアクセスし、様々な情報を得るときの入口となるホームページのこと）としてサイエンスミュージアムネット (S-Net) を開設しました。S-Net は、平成 17 年から稼働していますが、科学系博物館や大学等の自主的・主体的な取組みを前提にこれを支援するとともに、人々が広く科学関係情報を享受できるように良質な情報を集約して発信する仕組であり、Web 情報検索と自然史標本情報検索により構成されています。

　Web 情報検索は、科学系博物館や科学館等のホームページを検索ロボットにより自動収集し、メタデータファイルを作成し、利用者が求める博物館等の展示、教育活動、イベント等ホームページ上の全ての情報の一元的な高速検索を可能にしたものです。自然史標本情報検索は、科学系博物館、大学等の多様なデータ形式をデータクロスウォーク（フォーマット調整・変換）により一定のデータ形式に変換した上で、利用者の必要とする自然史標本の学名、分類（界名、門名等）、採集地（国、都道府県、市町村名等）、所蔵博物館（大学）の検索を可能にしたものです。また、これらを組み合わせた「特定の期間に特定の場所で採取された標本を知りたい」というような検索も簡単にできます。

S-Net は、これに参加する科学系博物館や大学等にとっては、容易に信頼性の高い情報を提供できるだけでなく、参加館等の相互の連携を強め、より幅広い協力関係を築くことにも役立ちます。今後、更に参加館等を増やし、ホームページや自然史標本データを拡充するとともに、データの更新により使い易い質の高いサービスの提供を心掛けていきます。

　S-Net に係る自然史標本データは、生物多様性に関するデータを有する研究機関、博物館をネットワーク化し、データを全世界的に横断検索することを主目的とした国際協力プロジェクトである地球規模生物多様性情報機構(GBIF) を通じて世界中で利用され、国際的なデータベースの充実に貢献しています。

　このような自然史標本の国内外を通じた広域・大量のデータ提供は、標本採集地の分析による地球温暖化研究や、生物を媒介とする鳥インフレンザや西ナイル熱、デング熱等感染症対策にも活用されています。

　なお、S-Net としては、科学系博物館や企業等が所有する科学技術史資料を横断的に検索するシステムを開発することも課題です。

未来技術遺産の保存活用のために
－重要科学技術史資料の登録－

　科学技術の急速な進展、技術革新や産業構造の変化により、科学技術の発展過程を示す重要な科学技術史資料が滅失、散逸の危機にあります。その保存は、重要な課題です。その場合、産業技術史資料を含む科学技術史資料には大型のものもあり、その所在する場で保存することが実際的で、しかも適切であることが少なくありません。また、博物館等で重要な科学技術史資料のすべてを収集し保存することは、到底不可能です。

　このようなことを踏まえて当館は、産業技術史資料を中心に、その所在場所の調査と技術の流れの系統化研究を進めるとともに、所在場所での効果的な保存につながる資料の登録制度の在り方について検討を行ってきました。そして、平成 20 年度に、産業技術史資料を含め、広く重要科学技術史資料

登録制度を創設、発足させました。

　登録の対象となる資料は、科学技術の発達上重要な成果を示し、成果を次世代に継承していく上で重要な意義を持つもの、又は国民生活、経済、社会、文化の在り方に顕著な影響を与えたものです。これらの資料には、大量生産品等同様のものが複数あるものもあれば、単一又は極めて少量生産されたものもありますが、いずれも登録の対象になります。

　登録には資料の所有者の同意を要しますが、同意を得るに当たっては、当館からの現状等の確認や所有者からの変更等の届出により、継続的に資料を追跡していくことができるようにするなど、資料の管理等に関し所有者の理解を得ることを必要とします。

　登録は、重要科学技術史資料登録台帳にその形状や特徴、所在地等を記載することにより行われます。台帳は、所有者の同意を得て公開し、広く人々に情報を提供します。なお、所有者には登録証と記念プレートを授与します。

　このように当館の登録制度は、特定の分野ではなく、すべての分野の資料を対象とすること、所有者の理解と協力の下に、資料の保存とともに公開を通じて活用することを目的とし、その一環としてホームページに公開し、常設のパネル展示を行うこと等に特色があります。これらの特色と登録が科学技術に着目して行われることから、登録された重要科学技術史資料を未来につながる科学技術という趣旨で「未来技術遺産」と呼称することにしています。

　科学技術の技と心を伝えることは、博物館の重要な役割ですが、この登録制度も、この観点から効果的に運用し、重要な科学技術の存在とそれを育てた先人の経験を次世代へ継承していきたいと考えています。

施設を積極的に活用する

　当館の展示場や講堂、吹抜けホール等の施設は、文化的で洗練された空間であり、展示場は迫力ある標本資料と出会える場です。ビジネスやパーティー等に使用されることが増えてきました。コンサートも行われるように

なり、コマーシャル等に使われる場合もあります。このような形での施設の利用に当たっては、当館において、使用する者、目的、方法、期間等を総合的に勘案して使用の可否を決定します。博物館施設としての本来の用途又は目的が阻害されない限り、広く使用していただくのが基本的な方針です。当館は独立行政法人ですので、施設の使用は一般的な貸付契約であり、原則として応分の使用料を支払って頂きます。

当館施設の利用としてユニークなものに日本自動車殿堂のケースがあります。日本館の講堂で表彰式、レストランでパーティーを行うとともに、地球館の常設展示場の一画にその年度の受賞車を2週間程度展示します。博物館施設の特色をうまく活かしたやり方といえましょう。

当館は、自然史、科学技術史に関する質量ともに優れた常設展示を有しています。施設を利用する目的は色々でしょうが、展示の観覧とワンセットの施設利用こそが他の施設利用にない博物館の特色です。催しの前後あるいは合い間に展示を見る機会があることが、博物館の施設利用の大きなメリットといえます。開館時はもちろん、閉館持における施設利用についても展示をご覧いただけるよう便宜を図っています。当館としては、このようなやり方の施設利用を積極的に進めていきたいと考えています。

当館の施設を広く利用していただくことは、たとえ僅かな時間でも多くの人達が展示等に触れる機会を作り出します。実は、「子どもの頃来たことはあるが」とか、「子どもが小さい頃連れて来たことがあるが」という人が多いのです。施設利用の機会に人々が博物館の活動に興味、関心を持ち、理解することにつながればいいとの期待もあります。当館の施設が大いに利用されるよう広報にも力を入れていきます。

イベントに取り組む

欧米では博物館が国家的イベントの開催の場にもなることは、よく知られています。博物館が文化の中心として文化的な催し物を行う場として重要な役割を担っているわけです。

博物館は、展示等を通して人々が過去を知り、現在を認識し、未来を考察する場です。ここで人々は感動し、驚き、知識を得、これを他の人と語り合う対話の場でもあります。そのため博物館は、素敵な建物と美的なホールや展示場等を備えた施設として、安全性や快適性に配慮し、質の高いサービスの提供に心掛けています。

　こうして博物館は、当館も勿論ですが、音楽鑑賞、シンポジウム、ビジネスやパーティー等の場に使用されるようになっています。企業等が創立記念の式典等の会場として使うこともあります。イベントの場としての博物館の使用です。イベントの実施主体は、博物館自身のこともありますが、多くは企業や団体等です。その際、イベントの一環として展示等を伴うことがあり、これに対して博物館が技術支援等を行うこともあります。この場合における当館の活動は、洗練された器としての博物館の施設を貸与し、必要に応じて展示等のノウハウを提供する活動です。なお、イベントの内容によっては、科学の普及、進展等に寄与するものもあり、企業等と当館が共催することもあります。

　最近、当館は、干支シリーズ、カーネーションイベント等で展示や教育活動を行っていますが、年中行事等にちなんだ活動で、展示等もごく小規模なものであることから、対外的には、展示というよりはむしろイベントとして扱うことが適当と思われます。

　実施主体がいずれであるかを問わず、種々のイベントの開催の場として博物館を利用することは、博物館に興味関心の薄い人の来館も期待でき、博物館に親しみを持ち、身近なものに感じていただく上で効果があると思います。

音楽がよくにあう

　博物館の文化的で洗練された施設は、音響効果も悪くはなく、堅苦しいというイメージさえ持たなければ、音楽がよくにあいます。

　「東京のオペラの森」という音楽祭が、平成２０年春に４回目を迎えまし

た。東京にかかわりのある人や企業の支援により、新たな音楽の歴史を作ろうとする意欲的な取り組みです。その輪を拡げる試みとして、東京国立博物館を始めとする上野公園内や周辺の8つの文化施設が協力し、たくさんの小コンサート等様々なイベントが行われました。当館も、昨年に引き続き東京のオペラの森実行委員会と共催し、日本館の講堂やホール、地球館前の中庭において8回のコンサートを実施しました。コンサートの入場料は、有料のものも無料のものもありますが、より多くの人々に良質の芸術を気軽に楽しんでいただけるのではないかと考え、施設を無償で貸与しました。

邦楽についても、演奏会「邦楽図鑑」を実施しています。台東区芸術文化財団に協力して、日本館の講堂やホール、地球館の展示場等を無償で貸与しています。義太夫、長唄、小唄等が行われ、平成18年2月の演奏会は、NHK総合テレビの地域ニュースで取り上げられました。平成20年には、講演と演奏をセットにし、その間に常設展示をご覧いただく構成にしました。

特別展では、展示に関するイベントに力を入れており、コンサートはその種の一つです。例えば平成19年の花展では、「リンネの自然の体系への夢」という講演会の中で、スウェーデンの伝統音楽ニッケルハルパの演奏を行いました。インカ・マヤ・アステカ展では、インカの時代から継承されているフォルクローレの演奏を行い、大ロボット博では、太鼓の演奏をバックに舞踏を行いました。企画展では、平成18年のものづくり展で、展示した鋳物楽器のミニライブを行いました。

また、地方の博物館等と共催する事業でもコンサートを行うようになりました。例えば平成20年の科博コラボミュージアムin平塚では、平塚市博物館のプラネタリウム室でコンサートを実施しました。

平成16年に開館した九州国立博物館では、毎月コンサートを行っているとのことです。当館は、スペースの問題もあり、とてもそのようなことはできませんが、異空間での演奏に出演者も満足し、またやりたいと言っていただけることを励みに、コンサートの積極的な受入れに努めていきたいと思います。

展示物の関係者のパーティーをしよう

　平成１７年１月に地球館で、宇宙から回収されたＳＦＵの組立に無償で御協力いただいた宇宙航空研究開発機構（JAXA）の研究者や東京大学の学生達のパーティー、いわばSFUパーティーがありました。「科学と技術の歩み」について展示する２階のディスカバリー・ポケットを中心に、展示されたＳＦＵを間近に見ながら談笑できるようにしました。宇宙飛行士の若田光一さんも出席され、５０名程の人達がビールやワインを傾けながら楽しい一時をすごされました。

　ＳＦＵは、当時の文部省宇宙科学研究所、科学技術庁宇宙開発事業団、通商産業省等が共同で研究・開発した再利用可能な「無人宇宙実験・観測フリーフライヤ」のことです。平成７年３月にHⅡロケット３号機により打ち上げられ、１０種余の実験を行いました。翌平成８年１月にアメリカのスペースシャトル・エンデバー号に搭乗した若田さんにより回収され、地上に戻ってきました。SFUには宇宙の塵がぶつかった跡が所々に見られます。肉眼で見えます。SFUは、その後分解され、再利用はされませんでした。

　若田さんは、日本人初のミッションスペシャリスト（ＭＳ：搭乗運用技術者）としてエンデバー号に搭乗された方で、組立に協力した学生達が「一緒に写真を」という姿が印象的でした。その若田さんが平成２１年２月には、日本人宇宙飛行士として初めて国際宇宙ステーションに３ヶ月以上滞在するとのことです。インタビューに答えて、若田さんが１～２週間あれば海外出張、３ヶ月以上となると海外滞在と述べていることに、あまり違和感を持たない自分に驚きました。

　当館では、ＳＦＵをペンシル・ロケットに始まる我が国宇宙開発の貴重な資料として展示していますが、SFUパーティーのように、展示物に何らかの関係をもつ人達のパーティーを行うなど、展示物の関係者が感動や共感を新たにできるような形で展示場を活用することも意義あることと思います。

Ⅲ. 事業を新たに展開する博物館

　博物館は、社会とともにある博物館として、また、利用者のためにある博物館として、事業に創意・工夫を加え、社会や人々の期待に応えています。不断に事業を見直し、質の向上等を図ったり（1. 事業の価値を高める）、新たな事業に取り組んだり（2. 新しい事業を創る）しています。ここでは、それらの一端を紹介します。

Ⅲ－1. 事業の価値を高める

（本文関連　　：「常設展示の関連イベントを行う」

キャッチコピーは「想像力の入口」

　当館は、平成１９年に創立１３０周年を迎え、常設展示も完成しました。これを機に、これまでの実績・評価を発展させ、未来志向で館のイメージを広く社会に発信していくために、キャッチコピーとシンボルマーク・ロゴを制定しました。

　当館は、人々がいつ来ても新しい発見があり、驚きがあり、感動があることを目指して展示や教育活動等を行っています。その積み重ねが感性を豊かにします。豊かな感性があってはじめて、何だろう、不思議だなという好奇心がかきたてられ、これを知りたい、もっと知りたい、自分もやってみようという意欲が育ってきます。それに応えて、当館は、人々が興味関心に応じて知識を得、議論をし、考えを整理する機会を提供しています。

　展示では、大人も子どもも標本資料にじっくり向き合い、心の眼でも見て、それが語りかけるものに耳を傾け、感じ取り、また展示解説に触れるなどして、未来を展望し何事かをくみ取ってもらいたいと思います。一人一人がそれぞれに感動し、知的要求を満たし、楽しみながら、展示物そのものについて、展示が意図するものについて、あるいは展示の持つメッセージ等について、色々と想像の翼を拡げ、イメージをふくらませてくれることを期待しています。

　このように当館は、「感動から知識へ」の場を用意し、人々の想像力を刺激し、想像力をかきたてる場であることを期待しています。そのような当館の在り方を踏まえ、当館のキャッチコピーを「想像力の入口」としました。物事をイメージする能力は、感性を育て知性を磨く基盤となるものです。複雑、高度化する社会において想像力を働かせ、物事を多面的に見たり、総合的に考えることは、ますます大事になると思います。

　また、キャッチコピーにふさわしい明るいオレンジ色のシンボルマークを定めました。著名なグラフィックデザイナー佐藤卓氏の制作によるものです。その形一つをとっても恐竜の歯にも、門にも、ティアラにも見えるなど、私達に多くの想像を可能にしてくれます。佐藤氏制作のロゴと共に使用します。

キャッチコピーやシンボルマーク・ロゴは、当館のブランド価値の向上、新たな飛躍をめざし、あらゆる機会に使用しています。もちろん名刺にも用いています。当館を表現する統一的なイメージとして、多くの方に長く愛用されることを願っています。
シンボルマーク・ロゴ
http://www.kahaku.go.jp/（国立科学博物館ホームページ）

資料の収集・保管は国際的責任

日本学術会議の動物科学研究連絡委員会と植物科学研究連絡委員会が、平成17年8月に「自然史系博物館における標本の収集・継承体制の高度化」の報告をまとめました。当館をはじめとする大型館、自治体博物館、大学や大学博物館のそれぞれについて、「モノ」を集めるという博物館の基本的責務に係る問題の所在と解決策を提示したものです。

いうまでもなく、博物館において収集・保管される資料（コレクション）は、人類共通の財産として継承される文化的遺産としての重要性を持つだけでなく、展示によって広く人々に実物との触れ合いを提供し、研究資料として人々の利用に供されています。世界中の多くの博物館が資料を提供し、交換するなど、資料は展示や研究において共同で利用されており、我が国は、このようなコレクション共有化ネットワークにおいて、一定の国際的責任を分担することが必要です。

報告は、資料の収集・保管に関するこのような考え方を前提としていると考えられますが、当館に直接関連するのは、国家的規模における自然史標本の収集、継承です。いわゆるナショナルコレクションの構築ですが、我が国にはナショナルコレクションは存在しないという厳しい指摘があります。未来に至るまで国を代表するに足る、高度かつ巨大なコレクションが不在であるということであり、当館には極めて残念な指摘です。

報告は、ナショナルコレクションの構築のため、①巨大な収蔵施設の完成、②収集体制を考案、実施し、維持体制を継続する高い専門性を持った人的能

力の具備、③理想的な事業を行えるような立法措置、これらの必要性を挙げ、この事業を国家的継承事業と位置づけ、国と社会が一致して取り組むよう求めています。

　ナショナルコレクションの範囲については、その理念は学術標本を人類の知として収集、継承、発信するという学術文化的本質に根ざすもので、全地球を視野に入れるものとしています。当館としては、国際的な役割分担や人的物的資源の有効活用という観点から、我が国及び近隣諸国を中心にし、アジア諸国に対する支援を行うことが現実的であると考えています。また、伝統的な自然史資料のほか、遺伝子、細胞、組織、個体等あらゆる態様を含めた収集と継承、あるいは希少生物体の実物や記録を未来に引き継ぐことの重要性も指摘されていますが、これらは、当館も目指すところです。

　ナショナルコレクションの構築のための条件整備には多大な困難が伴いますが、資料を収集し長期に維持しながら学術文化を育むという理念のためにも、それに向け格段の努力を続けます。

ナショナルコレクションを構築する

　当館は唯一の国立の科学博物館として、自然史、科学技術史の双方について国を代表する質と量を備えたナショナルコレクションを構築することが課題です。

　生物多様性の保全と生態系の健全性の回復が重要であることは、広く認識されています。自然史コレクションは、それらの基盤として必然であると同時に、生物資源の積極的活用、動物の生息情報による感染症対策、遺伝子採取による新薬開発等の医療対応、自然環境の経年変化分析による温暖化対策等、国家政策の観点からも重要です。我が国においては、多くの自然史資料が大学、研究機関や博物館等に別々に保存され、その多くは未整理の状態にあります。その整備と戦略的な活用が求められています。

　他方、科学技術史資料についても、大学、研究機関や企業等に多くが保存されていますが、その収集は必ずしも体系的でなく、保存状態も万全とは

いえません。急速な技術革新等により、廃棄、散逸等の恐れのあるものも少なくありません。科学技術の発展にとって重要なもの、社会経済等に大きな影響を与えたもの等の科学技術史コレクションを保存し、調査研究を本格化することは、今後の科学技術の発展にとって不可欠です。

　当館は、このような状況を踏まえ、体系的に資料を収集するとともに、全国の大学、研究機関、企業、博物館等の所蔵する重要な自然史資料、科学技術史資料についてその所在情報をネットワーク化し、ナショナルコレクションとして構築することにしています。そのため、大学、博物館等の協力を得て、各施設の資料についてデータ記述の標準化を図り、それぞれの所蔵資料を横断的に検索できる統合検索システムを作成します。そして、当館がポータルサイトして運用する自然史資料、科学技術史資料ネットワークを作り、ナショナルコレクションとして広く活用できるようにします。現在運用しているサイエンスミュージアムネット（S-Net）は、このような構想に立つものであり、自然史資料については既に稼働しています。

　また、同時に、経費や人員等の制約から廃棄・散逸等の恐れがある施設の資料をいずれかの施設が受け入れるセーフティネット（資料緊急受入れ）を確立することも、重要な課題として検討しています。資料は研究の出発点であり、物的証拠であり、爾後の検証の必要性等を考えると、研究の方針や体制等の変更に伴う大学等の資料の扱いについては、特に留意がいるように思います。

モノと情報を保存、継承する

　博物館で収集した資料は、物的存在としての「モノ」とそれに関する調査研究の成果としての「情報」が一体的に保存され、将来にわたって継承されていきます。博物館は、資料の収集を体系的に行うとともに、高度の調査研究を進めて資料の価値を高めることが必要です。また、調査研究により価値づけられた資料を積極的に展示や教育活動等に活用していくことが求められています。

例えば万年時計は、1851（嘉永4）年に田中久重が完成した和時計であり、1931（昭和6）年以来当館に寄託、展示されてきました。その間、3回にわたる分解調査により機構の実態を解明することが試みられました。それを踏まえて平成16年から1年間、万年時計復元、複製プロジェクトが実施されました。その成果は、工芸分野も含む科学技術史的解明や我が国の物づくりの原点の再確認等多岐にわたりますが、地球館2階の科学と技術の歩みのコーナーにそれまでの展示を更新して公開されています。

田中は、万年時計において、4個の大型ゼンマイに定トルク機構（サザエ車）を組み込んで6面の機構と太陽と月の運行及び打鐘を1年巻きで実現しようとしました。実際は、ゼンマイをフルに巻くと筐体（フレーム）が壊れてしまうため、それは実現せず、理想的に動いたとしても約200日ほどであることが、今回の調査で判明したとのことです。このプロジェクトに主導的な役割を果たした当館の研究者は、田中の挑戦は「技術的に良いものはどんどん吸収する、既存の技術を理解しつつも囚われない態度は、技術革新家に必須のもので、その後の近代化達成につながる」との趣旨を述べています。

今回のプロジェクトの主な目的は、機構部分の分解と精確な計測、機能の解析、そして忠実な復元であり、一応の区切りはつきましたが、万年時計の科学技術史的解明はなお続くとのことです。

このように資料は、研究の出発点であり、最新の科学や技術により新たな知見を生む貴重なものです。今後とも、「モノ」と関連する「情報」の蓄積を充実し、過去、現在、未来を考える博物館機能の強化を期していきます。

資料のデジタル化を段階的に行う

博物館が収集し保存している資料は、社会の共通財産です。したがって、その所在情報やデジタル・アーカイブを公開し、学生、教員、研究者など広く活用してもらう基盤をつくることは、博物館の責務であるといえます。

平成20年6月の博物館法改正において、「博物館資料」とは、「博物館が収集し、保管し、又は展示する資料（電磁的記録（電子的方式、磁気的方式

その他人の知覚によっては認識することのできない方式で作られた記録をいう。）を含む。）（博物館法第2条第3項）とされ、デジタル・アーカイブの活用を前提とした定義に変更されたことは、注目に値します。

　資料のデジタル化の第1段階は、主に資料管理を目的に行われる、名称（学名）、概要、収集日時、収集場所など資料に付随する案内（メタ）情報の電子化です。

　第2段階は、Webを通じた一般公開による案内（メタ）情報の流通です。図書館では検索システムが一般化していますが、残念ながら、多くの博物館ではそのレベルに至っていないのが現状であり、今後の努力が求められます。また、主要展示物に簡単な（サムネール）画像を付加して、一般利用者のネットでの鑑賞を可能にした博物館も多くみられます。

　第3段階は、案内（メタ）情報に収集や発見場所について緯度経度等の地理情報を入れるとともに、高精細画像やエックス線画像を付加して、本格的な資料の比較研究、つまり分類、同定を可能にするレベルでのアーカイブ化と公開です。既にいくつかの先導的な博物館で取り組みが進められています。

　アーカイブの対象としては、研究や来館者に展示の狙いや展示資料の理解を深める観点から、博物館に収集・展示できない自然環境や動物の生態、産業遺産などの映像、研究や技術開発など歴史的証言（オーラル・ヒストリー）の録音などもあります。時間軸では、自然破壊や動物の絶滅、資料の破棄や破壊に瀕しているもの、研究者や開発者の高齢化より早急に記録保存が必要なものが含まれます。

　また、アーカイブの構築方法も多様化しています。全国のダイバーが提供した魚類の生態写真を、当館と神奈川県立生命の星地球博物館が整理してネットに公開するなど、市民参加型アーカイブの試みも始まりました。このアーカイブは日本の自然史系生態写真データとしては最大の規模であり、新種の発見や別種と思われていたものが同種の親子関係であることが解明されるなど、多くの研究成果を生み出しています。

　このような資料のデジタル化は、各博物館の実情に応じて行われるものですが、これを可能とする人材の確保が課題です。

資料のアーカイブ化を進める

　博物館は、自然や人間の営みの証拠である資料を収集し、多角的に調査研究し、人類共通の財産として保管するとともに、広く人々に公開しています。

　博物館に収蔵、展示されるのは、基本的にはオリジナルの資料ですが、オリジナルは一般にもろくて壊れ易いものです。時間の経過や不用意な取扱い等により、劣化したり、破損、散逸したりするなどの恐れがあります。オリジナルだけでは調査研究を進める上で、また人々に観覧してもらう上で困難があります。

　そのため、オリジナルについて複製品（レプリカ）の作成や図像、映像によるコピーの作成が行われています。また、ITを駆使したデジタル画像による高度なコピーの作成が一般化しました。デジタル画像の製作には多額の経費を要しますが、劣化や退色のない高精密画像により、オリジナルの価値をより活かして臨場感をもって伝えることができます。また、オリジナルの外形のみからではつかみ取れない隠れた情報を得ることもできるだけでなく、欠損したオリジナルの復元や過去の状態の再現を可能にするなど資料の調査研究に役立ちます。このように資料のデジタル・アーカイブ化は、資料の保存と活用のために大きな意義を有しており、これからの博物館は、資料のアーカイブ化を強力に進める必要があります。博物館資料としてオリジナルとデジタル画像が補完しあって、資料の保存と活用という博物館機能がより良く発揮される方向を目指すことが望ましいのです。

　資料のアーカイブ化は、資料を分類、同定し、台帳登録し、作成したデータベースをデジタル画像とリンクさせることが基本的かつ重要な作業です。その際、対象となる資料を十分理解するとともに、関連する情報を適切に整備すること、デジタル化の知識、技術を十分に活かすこと、また著作権をはじめ権利処理等に万全を期して積極的な活用を図ることなど、アーカイブ化の目的が十分達成されるようにすることが肝要です。同時に、アーカイブの継続的管理、つまり時代の変化に応じた記録媒体変換や保存に万全を期すことも重要です。

当館では、資料のアーカイブ化と Web 上での公開を進めています。例えば、日本産魚類データベースは、他の博物館、大学等と連携し、案内（メタ）情報とともに、タイプ標本（学名を新種と発表、記載した際の実物標本）の高精密画像や X 線画像のアーカイブを構築しています。

社会的有用性の高い研究を行う

　当館は、研究開発型独立行政法人として、政策目的の達成を使命とし、我が国の自然科学の発展につながる自然史、科学技術史に関する調査研究を行っています。科学技術創造立国や生物多様性国家戦略等に対応して、自然物あるいは人工物の歴史的変遷を解明し、社会的有用性の高い自然史体系、科学技術史体系を構築することを目指しています。そのため、自然史、科学技術史に関する資料を収集・保管し、それに即して実証的な研究を継続的に行っています。この研究は、生物多様性の保全や生活の豊かさを支える科学技術の発展等の基礎をなす知識、知見を創出する基礎研究です。人類の知的資産の拡大に資するという点では同じですが、直ちに実用化できる知識、技術を創出するための開発研究とは本質的に異なります。

　大学や研究機関等における自然史や科学技術史の研究分野が縮小し、その研究も資料が十分整わず、必ずしも満足すべきものとはいえない状態にあります。組織的、体系的に収集・保管する資料に即して、長期にわたり安定的に研究する博物館の役割は、ますます増大しています。自然環境の急激な変化や科学技術の急速な高度化等により、資料の滅失、散逸の危機が進む中で、科学技術創造立国あるいは環境立国に向け博物館の責任は重いものがあります。

　当館では、例えば自然史分野については、研究者がそれぞれの専門に関し、日本・アジアを中心に自然物を記載、分類し、それらの相互の関係や系統を調べ、過去から現在に至る地球の変遷、人類を含む生物の進化の過程と生物の多様性の解明を進めています。

　また、研究者のこれらの経常研究を踏まえ、大学や博物館等と協力して

分野横断型のプロジェクト研究を行っています。例えば「アジア・オセアニア地域の自然史に関するインベントリーの構築」は、そこに生息する現生の生物のほか岩石、鉱物、古生物等の自然物の存在様式を網羅的に調べ、それらの目録を作成して生物相や地質を明らかにするものです。自然環境を総合的に把握するこの種の研究は、環境保護、資源開発等、国の政策実現に資するものです。今後、館外の研究者等との連携を一層強め、より高度な研究成果が得られるようにしていきたいと思います。

研究成果は、学会やシンポジウム、論文発表にとどまらず、展示や教育活動等博物館ならではの方法で広く社会に還元しています。ちなみに、企画展「相模湾の生物 きのう、きょう、あす」（平成19年実施）は、130年に及ぶ研究成果の展示です。

生物多様性 HS を研究する

国際環境 NGO コンサベーション・インターナショナルは、平成１７年２月に、地球環境の生物多様性再評価を実施した結果、投資効率からみて緊急かつ戦略的に保全すべき世界３４ヶ所の生物多様性ホットスポット（HS）を特定し、その一つとして日本が認定されました。HS は、地球表面のわずか２～３％でありながら、固有種の約半分が集中する一方、自然生態系が著しく破壊されている地域です。

HS の認定基準は、国等おおまかな地域単位による荒削りなものであり、日本における全生物の種類が最も多い地域や固有種が多い地域は特定されておらず、また、その形成の過程も明らかではありません。生物多様性の地理的、歴史的構造が不明なのです。

生物多様性は、重要な地域環境の一つであり、今ある多様性を保全する活動は、環境破壊や温暖化等が深刻化する状況の下で極めて大切なことです。そのためには、変動する環境下で多様化し現在の姿に至った生物多様性の実態を明らかにすることが不可欠であり、しかも緊急を要します。そこで当館は、平成１９年度から５年計画で、我が国の生物多様性の地理的、歴史的構

造に関する研究を行い、その実態を解明するとともに、地球環境保全に役立てることとしています。

　この研究では、分子系統解析により日本の生物多様性図を作成し、生物の系統関係の全容を明らかにするとともに、日本列島の地史を比較し、日本の生物の渡来と誕生を解明します。また、全種、生物群別に日本の生物分布図（生物多様性等高地図）を作成し、生物の分布パターンの全容を明らかにするとともに、固有種の多い地域と生物多様性の高い地域の関連性を比較し、日本の生物多様性の特性を明らかにします。また、全生物集中地域、固有種集中地域、絶滅危惧種集中地域等、保護すべき地域や優先順位等生物多様性保全への提言へつなげていきます。

　我が国は、環境立国を日本モデルとして創造し、アジアそして世界へと発信することを目指しています。その実現のため、生物多様性の保全による自然の恵みの受容と継続は、重要な環境政策の一つです。当館は、基礎研究や普及啓発の分野から積極的にこれに貢献していきたいと考えています。

ものづくり研究を進める

　当館は、江戸のものづくり研究の中心的な役割を担っています。研究は、主として江戸時代に我が国で行われた科学や技術の諸分野における活動に関する古文書、記録等の文献と、具体的に製作された測量器具、エレキテル、望遠鏡、時計等の器物を収集し、文献と器物を一括して扱い、その相関関係から江戸時代のものづくりの実態を明らかにするものです。その際、様々な分野の人達が参加し、それぞれの視点から総合的、体系的に資料（文献と器物）の検証を行いました。

　また、当館は、技術の系統化研究についても中心的な役割を果たしています。研究は、産業構造の変化、生産拠点の海外移転、技術者の高齢化等により、技術の発展を物語る文献や器物、技術開発の経験等が急速に失われつつある状況を踏まえて、これらを集積し、技術の各分野についてその流れを追い系統化を行うものです。ここでは、コツやカンという暗黙知と言われる

ものを形式知へ転換するためにも、技術者等関係者のインタビューを文献や器物とともに資料の一部として収集しました。

このように江戸時代以降のものづくり研究では、これを通して研究交流を進め、大量の資料を蓄積し、資料を分析し、新たなものづくりに役立つものとして知識基盤化するとともに、その成果をシンポジウム、講演会、論文等により広く社会に発信しています。

研究成果を発信する博物館ならではの方法に展示があります。特別展では、「江戸大博覧会—モノづくり日本」（平成１５年）「大ロボット博」（平成１９年）、ミニ企画展では自動販売機、和ガラス、放射線医療等の展示（工業会、学会等の協力を得て、産業技術史資料情報センターで平成１８～２０年に実施）を行いました。

また、平成１９年には経済産業省と共催で「MONODZUKURI展」を開催し、我が国素形材産業が、歴史的に我が国の社会、文化、経済に重要な役割を果たしてきたこと、今日も製造業にとって重要な役割を担っていること、将来も重要な役割を果たしていくことを示し、ものづくりの大切さを実物を通して訴えました。同時に、ものづくりに携わる人々の生の声を聞くシンポジウムを行うなどして、ものづくりの心と技を人々に伝えるようにしました。

当館は、江戸のものづくり、技術の系統化の研究を更に充実し、基礎研究や普及啓発活動の面からものづくり大国の実現に貢献していきます。

なお、平成１７年にものづくり日本大賞が創設されましたが、当館は、その関連の展示を行うこと等によりこの活動に協力していくことにしています。

展示は楽しみつつ見る

博物館は、感動から知識へ、感性から知性へを実感し、実現する場です。展示は、魅力的であり、強い印象をもってもらうことによって最もよくこれを可能にするものです。

当館の展示には、常設展示と特別展、企画展等があります。いずれも、資料とじっくり対話できる良質な実物資料を重視した展示空間を作ることを基

本とし、展示が困難なものについてはレプリカ等を使用する展示を行っています。その際、単に研究成果だけでなく、そこに至った思考のプロセス（考え方）を示すことにしています。いわゆる研究者の顔の見える展示、ストーリー性を持つ展示を心掛けているのです。

　そうはいっても博物館は、一定のルールに従うという強制的なものではなく自由に展示にアクセスし、自由に楽しめるものです。博物館は、教えられ、与えられることに慣れ過ぎた人達が、展示に触れて感動し、好奇心を刺激され、知り考えるきっかけを得ることを期待しています。また、人々の見方や考え方も様々である過去、現在そして未来の課題について論じあえる共通の基盤、自由な対話を可能にする場であることを望んでいます。この観点から、展示場での研究者のギャラリートークやボランティアのガイドツアーは大切であり、また、展示解説の持つ意味は大きいといえます。

　ただ博物館で見て欲しいのは、あくまでも資料であり、ラベルやグラフィックの文字等がうるさくならないように、必要な情報については、情報端末により入手できるようにしています。これにより、展示に関する情報を質量ともに充実し、観覧者の自由選択により情報を入手できるようにしました。

　近年、当館の来館者が１６０万人を超えています。その３５％ほどが子どもであり、また、遊園地に行くのと同じ気軽さで博物館を楽しむために来館する人達も少なくありません。展示は、このことを念頭に置き観覧者の目線に立ったサービスを提供するように製作しており、楽しみつつ見るという視点を大切にしています。この点、参加性や体験性（ハンズオン）について工夫するとともに、魅力的な大型映像等を使用することなどが必要です。また、展示や展示物を用いた教育活動等を来館者に見えるように展示室で行うことも、来館者を楽しませることになると思います。

　展示に関連して、講演会や演奏会等のイベントを随時行っていますが、多角的に事業を展開することは、展示の魅力を高めるために大事なことです。

常設展示は「人類と自然の共存をめざして」

　創立130周年を迎える平成19年に、当館の常設展示が完成しました。平成16年11月の地球館（旧新館）のグランドオープンに続き、平成19年4月に日本館（旧本館）がリニューアルオープンし、十数年に及ぶ建物の新築、改修と展示工事が完了したのです。実に喜ばしいことであり、関係者の御尽力に対し心から感謝申し上げます。

　当館は、地球と生命、科学技術の歴史を明らかにし、人間と自然の望ましい関係、科学技術の在り方を考える機会を提供するとの考えに立ち、常設展示のテーマを「人類と自然の共存をめざして」としました。そして、地球と日本という視点からこの課題をとらえるため、地球館は「地球生命史と人類」、日本館は「日本列島の自然と私たち」について展示しました。地球館は、生命や地球環境の保全等地球規模の課題を人類的視点で考察する上で不可欠な地球と生命の共進化、生物の多様化と人類の拡散、科学技術の発展の過程等を体系的に紹介しています。他方、日本館は、日本の自然と日本人の形成過程、日本人と自然のかかわり等を総合的に紹介しています。

　展示に当たっては、各展示場の特色を踏まえて展示・演出方法等を工夫し、地球館、日本館が全く異なる印象の展示空間となるようにしました。また、両館ともに、最新の研究成果に基づき、子どもから大人まで幅広い年齢層、多様なニーズを持つ人々を対象に、多数の満足が得られるように、豊富な標本資料の魅力を最大限に引き出すように工夫しました。ITを活用し、情報端末に詳細な展示情報を入力することにより、一人一人の興味関心等に応じて知識を習得できるように配慮しました。研究者のギャラリートーク、ボランティアの働きかけやガイドツアー等も用意しました。このように当館は、人々がいつ、また何度訪れても新たな発見、驚き、感動があり、楽しみがあることを目指して展示を作っています。

　博物館は、人々が過去を理解し、現在を認識し、未来を展望する場です。人々が感動し、知的な刺激を受け、そして楽しみながら、生物の多様性の大切さ、それに大きく影響する科学技術の在り方等について考え、自然と共存しようとする意識を育て共有できることを期待しています。

常設展示の魅力を高める

　常設展示は、一定のテーマの下に、最新の研究成果を踏まえて最良の標本資料を豊富に種々工夫して展示しています。常設展示は、来館者に館のメッセージを伝え、展示を楽しみながら将来に向けての情報をくみ取っていただく場であり、館の力量を端的に示すものといえます。だからこそ常設展示には、多くの人々に何度も足を運んでもらいたいのです。そのためには、常設展示の宿命ともいうべきマンネリ・イメージを払拭し、常に新しい魅力を持ち続ける展示を心掛けること、いわば進化する常設展示を考えることが基本です。

　時宜に応じて、直近の標本資料や研究成果に即するように一部展示換えをすることは当然ですが、常設展示を深化、拡張するために展示物に関連するパネル展示やミニ展示も大切です。企画展や特別展を行う際に、常設展示との関連に配慮することも必要だと思います。例えば特別展は、特定のテーマについて色々な観点から展示を構成しており、何らかの形で常設展示との関連性を有しています。常設展示を深化させたものもあれば、逆により詳細な常設展示があるものもあります。そこで、特別展会場の行き帰りの通路に関係する常設展示をパネル等により紹介し、常設展示との関連において特別展の位置付けやバックグランドを明らかにするとともに、常設展示をご覧いただくきっかけとすることも考えられます。特別展入場者の６割弱が常設展示を見ているとの調査結果がありますが（平成１８年度来館者満足度調査）、特別展だけで疲れてしまうとの指摘もあります。ほっと一息付ける休憩スペースの確保が必要です。

　また、常設展示と関連する研究者のギャラリートーク（ディスカバリートーク）やボランティアのガイドツアーはもちろん、展示場で行う関連の教育活動の開発も大事です。

　このように常設展示の魅力を様々な活動と関連づけて高めていくとともに、いつ見ても、同じ展示であっても、見るたびに新たな驚きや感動を味わえる感性を育てることが大切です。そのためにも、何度訪れても、あるいはぶらっとのぞいても楽しい所が博物館だというイメージを確立することが、

私達の取り組むべき重要な課題です。常設展示の見方や見所等について色々な切口で広報活動を行い、来館者一人一人が独自の魅力や楽しみを見出せるように引き続き努めていきます。

常設展示の関連イベントを行う

　常設展示の魅力を保つには、色々な工夫がいります。例えば当館は、平成17年4月9日に「人類の創造性の起源を解き明かす新発見」と題する一日だけの展覧会と、それに関連する講演会を実施しました。同日の入館者数は10,460人、同展の入場者数は2,446人でした。入館者の5人に1人がご覧になったわけです。

　展示品は、南アフリカ共和国のブロンボス洞窟で発見された75,000年前の遺物－人類最古の模様が刻まれたオーカー（日本ではベンガラとも呼ばれる天然の顔料）、人類最古のアクセサリーである貝製のビーズ、人類最古の本格的な骨器、それらと同じ地層から出土した石器－です。人間の真に創造的な活動がアフリカで7万年以上前に始まっていたことを明らかにした大変貴重な資料です。

　この展示品は、愛知万博に出品（3月26日～4月7日）された後、一日だけ特別に当館で公開されました。研究者の実績や交流の中から実現した展覧会ですが、地球館地下2階の「人類の進化」に係る展示物（レプリカ）の実物を展示したという意義を有しています。

　ところで、展示場において、この展示物は本物なの？偽物なの？という会話を時々耳にします。当館では、実物を展示することを原則としていますが、手に入らないものや貴重なもの、こわれやすいもの等は、レプリカ等を展示しています。また、古人骨のように実物に欠落部分があるものについては、無い部分を復元してつなぎ合わせるなどして展示しています。このように博物館は、学術的観点から本物とレプリカ等の複製をうまく組合せて展示を構成しているのです。

　また、平成19年6月15日に、ホクレア号及びその関係者によるイベ

ントを行いました。ポリネシア人は、航海術を駆使して太平洋上の島々に拡散したと考えられており、地球館地下２階に、その説とともに復元されたダブルカヌーが展示されています。

　ホクレア号は、その実証を主な目的に建造された古代式の航海カヌーであり、ポリネシアの文化とアイデンティティ復興の象徴であることから、その来日を機に、ダブルカヌーの命名（Kahuliau・カフリアウ：ハワイ語の造語で「時の流れ」、「変化する潮流」、「転換点」、「交流地点」、「過去の探求」などを意味する）と、チャント（ハワイでの詠唱、祈りの儀式）及びフラ（ハワイの伝統的な歌舞音曲）を行ったものです。展示場では多数の方が見学し、大変好評でした。

　当館は、このような常設展示に関連するイベント等をできるだけ幅広に随時行うなど、常設展示を常に魅力あるものとすることを目指していきます。

常設展示に展示換えシステムを組み込む

　地球館２階の「科学と技術の歩み」の展示は、江戸時代以降の日本の科学技術の歩みを紹介するもので、そのストーリーは、２０のテーマにより構成されています。最後のテーマは、「科学技術の過去・現在・未来」です。

　「２１世紀の科学技術には何が求められているのか。未来を展望するカギは、これまでの歩みの中に隠されているのかもしれない」と解説されています。この展示スペースでは、科学技術の歩みを振り返り、最新の科学技術を示し、今後の科学技術の在り方を示唆するものを展示し、共に考えることを期待しています。そこで、常設展示ではありますが、随時、展示換えを行うことにしています。常設展示の中に展示換えシステムを組み込んだ新たな取組みといえるかと思います。これまで、日本自動車殿堂を受賞した車や日本機械学会賞を受けた技術、あるいはクオーツ腕時計、ガスタービン、ロータリーエンジン等の展示を行ってきました。展示期間は、おおむね２週間程度ですが、過去・現在・未来とつながる要素があれば幅広に展示するという弾力的な運用をしています。

このように、この展示コーナーについては、学会や企業等の協力が欠かせず、場合によっては、特定の企業の製品のみを展示することもあります。具体の企業名や製品名が表示されますが、特別な宣伝行為とならない限り、展示の性格上許容されるものと考えています。この展示が、「科学と技術の歩み」という常設展示の一部を構成し、当館と企業等との共同展示になるということを踏まえて、良識的な線で展示されていると思うからです。

この常設展示の新たなシステムを積極的に活用し、過去・現在・未来へと系統的に展示される具体の成果物を媒体にして将来の科学技術の在り方を展望できるような多様な取組みをしていきます。

特別展は年３回程度開催

当館の展覧会には特別展と企画展があります。

特別展と企画展の違いは、展示規模の大小にあり、特別展は、専門性や話題性等を考慮した大型の企画展ということができます。展示規模の大小は、主として展示の構成によって決まります。特別展は、具体のテーマについて自然科学に限らず広く関連分野を取り入れて展示が構成されるのに対し、企画展は、自然科学により展示が構成されています。展示規模が大きくなると、その制作に経費と日時を要し、また、多様な層の集客が期待できること等から、時別展は、展覧会の期間が２～３ヶ月と長く、入場料を頂くのに対し、企画展は、展覧会の期間が１ヶ月以内で、特に入場料を頂きません。

特別展は、年に３回程度、新聞社やTV局等マスコミと共同で開催しています。展示の構成が分野横断的で、展示物も豊富であることから、人々は展示テーマについて総合的に把握することができます。展示の構成を自然科学を中心に分類すると、自然科学に関する研究の成果を中心に展示するもの（「恐竜博２００５」、「ファーブル展」等）、自然科学に関する研究の成果に歴史文化等他分野を加えて展示するもの（これには、自然科学的特色が強いものから歴史文化等の色彩の濃いものまで様々あり、多くの特別展はこれに当たります。「翡翠展」、「インカ・マヤ・アステカ展」等）、あるいはその例

は少ないのですが、歴史文化等の分野を中心に自然科学的なアプローチを加えて展示するもの（「スター・ウォーズ展」等）があります。いずれの場合も、常設展示と何らかの関係をもち、それを深化、拡充するなど学術的な意義を有し、当館の研究者等が内容の企画、準備、実施だけでなく、全体のマネージメントに中心的な役割を果たしています。

展示に当たっては、分かり易さや楽しさ等に十分留意し、一般向けを狙っています。大勢の人に見て頂くことが大切で、自然科学にあまり興味・関心のない人達にも足を運んでもらい、自分の興味・関心との関連で自然科学にも目を向けるようになっていただくことも期待しています。

特別展では、展示テーマに関連する教育活動を積極的に行うこととしています。講演、ギャラリートークや参加体験型の活動等です。また、関連グッズ等の開発、販売にも取り組んでいます。このように特別展は、地球館地下１階の特別展示場（約１,１００㎡）と地球館地下の第二特別展示場（約４００㎡）において館全体で行う活動であり、その意味で、館の総合力が問われる展覧会といえます。

当館では、特別展について、できるだけ向こう３年間の計画をたてることにしていますが、科学性と集客性のバランスをとりつつ、展示テーマの総合的な理解につながるような内容・方法を工夫していきたいと思います。

企画展は年１０回程度開催

当館では、年間１０回程度の企画展を開催しており、ほぼ年間を通して何らかの企画展が行われているといえます。展示の内容は多岐にわたりますが、展示の趣旨からおおむね六つに大別できます。

一は、当館の研究者の個人又はグループ（館外の者を含む）による研究活動や総合研究・重点研究等の研究成果や意義等を伝えるための展示です。分野によっては展示になじみにくいものもありますが、科学的内容を持ちつつ動植物等の魅力を広く知ってもらうという観点から展示を作っていくことも必要です。企画展は、博物館の特色を活かした研究成果の発表であり、規

模の大小を問わず、場合によっては集客性にとらわれずに充実していくことが肝要です。

　二は、トピックス性のあるニュース展示で、自然科学に関する最新のニュース、現下の課題や話題等で科学的立場から考察する必要があるものの展示です。アスベストに関する展示のようにタイムリーな企画が必要です。

　三は、当館の研究分野にとらわれず広く最先端の研究の内容、意義、成果等を紹介するための展示です。中心は、大学等のアウトリーチ活動を支援し、その拠点となる活動として行う「発見！体験！先端研究！＠上野の山シリーズ」で、大学等と共催し、難しい内容をいかに分かり易く楽しく伝えるかが課題です。

　四は、シリーズで実施している「日本の科学者技術者展」で、江戸時代以降に活躍した120名程度の科学者、技術者の人間像や業績等を紹介するための展示です。特に若い人達に我が国の科学技術への自信と将来への夢を持ってもらいたいと思います。

　五は、過去に展示してあったもので、当時社会的に話題となり人々に強い印象を与えるなどいわゆる名物といえるようなものを期間限定で展示する「名物展示」です。

　六は、干支展やカーネーション展のように年中行事に関連する展示、絵画、写真等の作品展で当館の趣旨に合致する展示を主催し、共催するものです。

　企画展は、日本館１階の企画展示場（３００㎡）で行いますが、小規模なもの（おおむね１５０㎡）はミニ企画展と称し、様々なスペースを活用して行っています。

　企画展は、特別展と異なり、そのための観覧料を必要としません。これは、企画展が比較的小規模であり、また、その内容を広く人々に知っていただくことを優先するとの趣旨から、常設展示と一体的に扱うことにしているためです。今後も時宜を得た企画展を心掛けていきます。

　なお、企画展を小規模にした展示に、速報性を重視したニュース展示やパネル展示もあります。

教育活動は生涯にわたる学習機会を創る

　当館の教育活動は、広く来館者を対象とする一般的な教育活動と、一部の目的意識の高い人達を対象とする専門的な教育活動に大別できます。
　一般的な教育活動は、比較的平易な、単発的な体験活動であり、人々に科学を理解させることを狙いとするものもありますが、多くは、人々に科学に興味を持たせ、長期間にわたって関心を持続させることを狙いとしています。全ての人に科学を理解してもらう、興味・関心を持ってもらうのは不可能ですが、それらを目指して活動分野、水準、方法等を色々工夫しています。例えば人々の好奇心を刺激し、楽しさを味わってもらうエンタテインメント的な配慮です。不思議な現象や実験の面白さを活かして、分かり易さや感動を追求しています。人々の生活に深く関係する自然現象等の現代的課題を扱うなどです。
　一般的な教育活動においても、できる限り先導的、モデル的なプログラムを実施しています。他の博物館では行われていないプログラムや一部で行われているものに新しい視点を取り入れたプログラム等であり、これらのプログラムは、具体的な教育活動を通して開発され、普及していきます。
　専門的な教育活動は、多数の研究者を要する当館ならではの特色あるものであり、比較的高度な内容のプログラムや継続的に調べる内容のプログラム等です。大学生のための自然史講座や科学技術史講座、色々な学会等と連携したセミナー等は前者の例であり、展示や資料を用いた講義、観察、プレゼンテーション等を組み合わせた長期にわたる科博たんけんクラブ等は後者に当たります。また、サイエンスコミュニケータ養成講座、学芸員専門アドバンスト・コース等の人材養成も、専門的な教育活動といえます。
　なお、当館の教育活動は、学校等と連携して行うことも多く、連携協力の仕組みとしてスクールパートナーシップ制度、大学パートナーシップ制度を作っています。
　このような具体の教育活動の外、当館は、世代に応じた科学リテラシーの涵養のための教育体系の構築、学校の教育課程に対応する体験的な学習プログラムの体系化等新しい教育サービスを開発しています。他の博物館等と

協同で開発を進め、広く普及することを目指しています。

　これらの多様な教育活動により、当館は、子どもから大人まで生涯にわたる学習機会、一般的・専門的な学習の場を創り、人々の自発的で意欲的な学習参加を促していきたいと思います。

体験学習はいく分程度の高い活動を

　種々の体験学習の重要性が指摘されています。観察、実験、工作等の体験により、知識は生きた知識となり、応用へとつながっていきます。驚き、不思議、感動等を実感してもらい科学への興味を引き出し、関心を高め、科学的な思考を育て、理科離れへの対応にもなります。

　博物館は多様で多彩な体験学習の場です。身近な物事を題材とし、実験、工作等の内容がわかり易く面白いなど、子ども達が魅力を感じ、しかも子ども達の興味、関心をひき、参加後に達成感や充実感が得られるように、いく分程度の高い作業を伴う学習活動が大切です。

　しかしながら、豊かで便利な生活環境の中で子ども達は、手間のかかる活動をとかく嫌いがちです。私達大人も、子ども達のためにと思って、つい手を貸しすぎるきらいがあります。安全性は勿論大切ですが、ちょっとでも危険なことはできる限り避けようとします。ただ、困難性や危険性を認識することにより緊張感や集中力が生じ、教育効果も高まるのです。そうした活動を、十分な管理と教育的配慮の下に提供することの意義は大きいといえます。

　また、多数の子ども達を対象とする博物館では、あらかじめ用意された材料で竹とんぼを作るなどの単発的な体験学習になりがちです。かなり難しいとは思いますが、それから学ぶことが多い竹とんぼの素材を用意するなどの準備段階を体験することは、ほとんどありません。そのためには、継続的な体験学習を行う必要があるからです。子どものためには、単発的な体験学習と継続的な体験学習を適切に組み合わせていくことが大切です。

　私達は、具体的な体験学習について、効率性を重んじて時間のかかるも

のや手間をとるものを避けてはいないか、本当に子どものためになるのかという観点から、教育効果を見極め、何をどう体験させるか、改めて見直すことが必要です。

サイエンススクエアを創造的に

　平成１８年から「科博・干支シリーズ」を始めました。展示や講演等がその内容ですが、辰年をどうするか、今から楽しみです。

　平成１８年は戌年。犬は人に忠実だから、飼い主からみればこれほど親しみを感じる動物はない、とも言われます。展示は、それにちなんで、「忠犬ハチ公」と「南極観測犬ジロ」を中心にしています。平成18年は南極観測50周年に当たり、夏には「南極展」を開催し、タロとジロが顔を揃えました。

　また、「新春サイエンススクエア」は３年目。「夏休みサイエンススクエア」とともに恒例になりました。サイエンススクエアは、子ども達が実験、観察、工作等の活動を通して、楽しみながら学習し、科学への興味、関心を高め、理解を深めることを目的とする事業です。冬休みや夏休みの自由研究に役立つということもあり、いずれも大盛況で、参加者は、冬約５千人（15～17年度平均）、夏約３万人（15～17年度平均）に達します。

　この事業で行われるような単発で比較的簡単な体験活動は、子ども達の科学への興味、関心を引き出す上で効果的であり、できる限りその内容や方法を豊かにし、大勢が参加し易くすることが大切です。そのため、事業の大規模化、多様化、無料化等の配慮が望まれます。同時に、創造的・先導的な活動を開発していくことも必要です。そのため当館では、サイエンススクエアを多くの企業、学会、大学・高等専門学校、地元の方々等と共催することとしており、それぞれの持ち味を活かした体験活動を工夫し無償で提供していただくこととしています。勿論、教育ボランティアが企画、実施する体験活動も少なくありません。それらの活動は５０種類にも及びます。

　近年、この種の体験活動を実施するところが増えてきました。喜ばしい

ことです。当館としては、15年にわたって種々工夫を重ねてきた夏休みサイエンススクエアの実績を踏まえ、共催の企業等とも協力して、体験活動の種類や内容を改善し、あるいは新たに開発し、サイエンススクエアの更なる進化に取り組んでいきます。

ディスカバリートークが人気

　地球館のグランドオープン（平成16年11月）を機に、当館のすべての研究者が交代でディスカバリートークを行っています。いわゆるギャラリートークです。

　2名の研究者が土・日曜日と祝日の午前・午後に1回ずつ、地球館の展示場に設けられたディスカバリーポケットや日本館の展示場を拠点にして、展示物や研究内容などについて直接来館者に語りかけます。質疑応答も行われます。来館者は誰でも参加できますが、各回15名程度に限っています（先着順）。その受付、準備や後始末は、教育ボランティアが担当しています。

　どんなことを話すのか、何を使うのかなど、すべて研究者にまかされています。小学校高学年以上を対象とし、時間は各回30分程度、条件は、これだけです。いわば初心者向けのトークですが、何度も参加しているファンもいます。1月程前に担当する研究者やトークの内容が確定し、チラシやホームページで公表しています。

　当館には多数の研究者が動物学、植物学、人類学、地学、理工学の各分野において色々な研究をしています。ディスカバリートークでは、どういったことを考え研究しているのか、研究で何がわかったのかなど多彩な話題を通して、研究者一人一人の個性が発揮されます。その思いが刺激的に来館者に訴えかけます。こういう体験の積み重ねが知識を確かなものにし、感性を育んでいきます。

　ディスカバリートークでは、展示や研究の舞台裏が紹介されることもあります。テレビにおけるNG特集に象徴されるように、誰もが「ウラ」を知りたいものです。博物館におけるバックヤードツアー等もそれに応える企画

ですが、ディスカバリートークでも面白い裏話が聞けるかもしれません。

　研究者の声による展示解説は、ＰＤＡ（携帯情報端末）でも楽しめます。展示に携わった研究者による、分かり易く楽しい説明です。ディスカバリートーク、ガイド版というところです。

「想像力の入口」であるために

　当館は、「想像力の入口」をキャッチコピーとし、すべての活動を通して人々にとって想像力の入口になることを目指しています。特に、展示・教育活動において人々の想像力を刺激し、人々が想像力の翼を拡げられる存在でありたいと思います。そのため、次のことを大切にしています。

　まず、人々が、感性、好奇心を育て、必要な知識が得られるような新鮮な出合いを用意することが基本です。人々、特に子ども達は、豊かな感性があってはじめて好奇心がかきたてられ、科学に興味、関心を持ち、知的なニーズが生まれます。何度訪れても、感動、驚き、発見等があり、感性が育まれるように展示・教育活動を行っています。

　内容的には、最新の研究成果やこれにより価値づけられた豊富な資料を用いて、人々が過去を理解し、現在を認識し、未来を展望できるようにしています。この観点から、環境や生命科学等の現代的課題にも積極的に対応しています。人々が具体のテーマについて考え、問題意識を共有できるようにするため、解説等により展示に込めたメッセージが伝わるような配慮をしています。できる限り一人一人がそれを感得できるようにすることが理想的であると思います。

　また、利用者の目線に立って活動することです。とかく博物館は、そのスタッフが一方的に情報を提供することになりがちで、難しい、面白くないなどと言われることもあります。博物館は、専門家と一般の人々との架け橋の役割を期待され、分かり易く、楽しいことが大切です。利用者の立場に立ち、利用者と共に活動していくことが、人々の想像力を引き出すことにつながります。

そして、人々が、期待感を持って来館できるように効果的に情報を発信することです。見たい、参加したい、どんなものだろうと思わせることが必要です。期待感ということでは、日常的な空間から別の世界への鮮やかな転換も大事で、施設や展示をうまく使う演出にも工夫がいります。

　当館は、幼児から高齢者まですべての年齢層の人々の想像力の入口になりたいと思います。人々の多様性に応じ、また、社会的に必要とされる情報を収集、整理し、加工、創造し、あるいは社会の諸セクターと連携協働して、質の高いサービスを提供することによりこれに応えていきます。大人も子どもも、知的な喜びや楽しみを共有できる博物館として。

Ⅲ－2. 新しい事業を創る

● 募集要項　　　　　　　　　　　　　　　　　　国立科学博物館

大人の総合講座
上野学のススメ

＜上野＞について、自然科学にとどまらず歴史や文化、芸術、産業などにもふれる「上野学のススメ」を今年度も開催いたします。今年度は第1部を5～9月に、第2部を10～2月にいずれも毎月1回、火曜日の午後に実施いたします。
この度第1部の参加者を募集します。みなさまのご参加をお待ちしております。

1 会　　　場　　国立科学博物館　新館3階講義室　ほか
2 日程・プログラム　別表（裏面）のとおり
3 対　象・定　員　成人の方・80名程度（第1部全5回参加可能な方）
4 参　加　費　用　2,500円
　　　　　　　　［国立科学博物館以外の施設見学や野外活動等を行う場合は別途費用
　　　　　　　　（入館料、保険料等）がかかる場合があります。］
5 応　募　方　法　全5回を通してご参加ください。
　　　　　　　　参加ご希望の方は、往復はがきに　①郵便番号、②住所、③氏名（ふりがなも）、④年齢、
　　　　　　　　⑤電話番号、⑥友の会会員は会員番号　を明記し、下記宛先までお申し込みください。
　　　　　　　　応募者多数の場合は、抽選のうえ全員の方に結果を通知いたします。
6 申込・問合せ先　〒110-8718　台東区上野公園7-20
　　　　　　　　国立科学博物館　広報課「上野学のススメ」係
　　　　　　　　TEL 03-5814-9860
7 申　込　締　切　平成18年5月8日（月）（必着）

（本文関連：「上野学のススメ」に取り組む）

博物館活動の拡がりに対応する

　博物館は、資料を収集・保管し、資料に基づく調査研究を行うとともに、研究成果とそれにより価値づけられた資料を用いて展示・教育活動を行っています。資料の収集・保管、調査研究、展示・教育活動は、博物館を特徴づける基本的な要件であり、各館の目標、計画に基づき、館としての一貫した方針により行われるものです。

　ところで、博物館は、生涯学習社会において社会の文化化を進め、人々の知的活力の維持・発展に重要な役割を果たしています。社会が複雑、高度化し、人々の意識が多様化する中で、社会や人々の博物館に対する要請も増大し、博物館は、その人的物的知的資源を積極的に活用して、それに応えることを期待されています。これらの要請や期待は、おおむね博物館の基本的な活動にかかわるものといえますが、例えば自主的な研究グループからの要請に基づく指導のように、館によって違いはありますが、館の計画に従って対処するとは必ずしもいえない活動があります。また、企業による製品の開発に対する支援のように、館の計画には明らかに含まれない活動もあります。近年、このような博物館に対する要請や相談等が増加し、また、それに対する潜在的な需要も高まっています。

　行政改革が進展し、すべての施設について効果的、効率的運営が求められ、資源の有効活用が必要とされるとき、博物館としての本来の機能を損なわない範囲で、社会や人々の多様な要請に適切に応えることは、博物館として望ましいことであると考えています。このことは、社会や人々の要請に応えるという具体の行為を通して、資料の収集・保管、調査研究、展示・教育活動という博物館の基本的な活動の基盤を強化し、社会や人々との交流や連携を充実することになり、人々の知的活力の維持・発展や社会の文化化に寄与するとともに、社会の博物館に対する理解と支援を拡大することにつながると考えられるからです。

　平成19年6月のこれからの博物館の在り方に関する検討協力者会議報告書「新しい時代の博物館制度の在り方について」は、博物館に求められる役割を、「『集めて、伝える』博物館の基本的な活動に加えて、市民とともに『資

料を探究』し、知の楽しみを『分かちあう』博物館文化の創造へ」としています。この後半の学習者の知的欲求に応える活動は、博物館が基本的な活動を行っていく上で市民参加や連携を進めるべき旨を述べたものともとれますが、むしろ自主的な研究グループとの連携、支援等博物館の活動を基本的な活動とは必ずしもいえない活動に拡大するようにもとれます。

いずれにしても、博物館の基本的な活動の枠を超えた活動で地域社会、経済社会等に直接貢献するものが存することは確かです。当館は、この活動が科学の普及や興味関心を呼びおこすことにつながるものであればもとより、広く館の目的を阻害するものでなければ、この博物館の活動を社会貢献活動に位置づけ、適宜対応していくことにしています。

社会貢献活動を明確化する

近年、大学の役割として、教育・研究とともに、公開講座や産学官連携等を通して、地域社会、経済社会等への直接的な社会貢献が第三の使命として求められています。人材養成や学術研究それ自体が我が国の発展に対する長期的観点からの社会貢献ですが、公開講座や研究成果の事業化、技術移転等を通じた、より短期的、直接的な貢献が第三の使命としての社会貢献です。社会貢献は、単なる経済活性化だけでなく、地域コミュニティや福祉・環境問題といったより広い意味での社会全体（地域社会、経済社会、国際社会等）の発展への寄与をいいます。

他方、博物館は、研究及び展示・教育をその役割とし、広く一般の人々を対象とする社会教育機関であることなどから、従来、社会貢献が話題になることがなかったように思われます。しかしながら、博物館が共同研究や受託研究等を行うことあるいは環境問題等地域の課題の解決等に協力する等、地域社会、経済社会等への直接的なサービスは、社会教育とは異なる博物館の活動であり、これらの活動を社会貢献とすることに異論はないでしょう。

問題は、公開講座に相当するものです。大学の教育は、学生の身分を有する者を対象とするので、一般人を対象とする公開講座は、社会貢献で

す。これに対し、博物館は専門家と一般人の架け橋として、広く一般人を対象として教育活動を行います。したがって、どこまでが博物館本来の教育活動で、どこからが社会貢献か、その境界はあいまいです。ただ、特定の人々に対する活動、あるいは高度に専門的な内容の活動や博物館を超える知的資源を糾合して行う活動等は、地域振興等に関連するものであれ、地元住民の文化活動等に寄与するものであれ社会貢献と考えられます。

　社会に根ざし、社会に支えられ、社会的要請に応える博物館として社会との関係性を強化するため、博物館の社会貢献は、今後重要なものになると考えます。社会貢献を博物館の役割として明確に位置づけ、積極的に対応していくことが必要です。大学が社会貢献を推進し、これによる自己収入の確保を期していることを併せ考えることも大事です。

　いずれにしても、当館への期待の高まりを反映した幅広い活動を心がけたいものです。

企業のイベントを支援する

　東芝グループ主催の東芝130周年記念イベントが平成17年9月6日から11日まで当館で行われました。このイベントに対し当館は、地球館2階の常設展示「科学と技術の歩み」の最後のテーマ「科学技術の過去・現在・未来」の展示と連動する形で、特別展示場の貸与およびそこで行われるイベントの企画監修を行いました。このように企業のイベントを対価を得て支援するのはこれが初めてのことであり、企業主催に対する特別協力ということにしました。イベントは、「万年時計から始まった情熱のDNA　驚き！130年モノづくり物語」と題し、展示、シンポジウムおよびサイエンスショーにより構成されました。

　当館は、昭和6年に東芝から寄託された万年時計を常設展示しており、また、その復元・複製プロジェクトも東芝と共同で行いました（平成１６年～１７年）。このような信頼・協力関係を踏まえ、同プロジェクトの報告を含むイベントが当館で行われ、それに特別協力したのです。このことは、展示

や教育活動を通じて科学の普及・進展に寄与する当館にとっても、意義のあることです。

　東芝では、イベントの行われた9日から11日までの3日間について、東芝デーと称し、当館の入館料をすべて負担しました。総入館者数は、20,359人でした。

　企業のイベント支援をもう一つ。平成19年8月の上野松坂屋店におけるイベント「不思議がいっぱい！野生動物のツノ」では、展示やギャラリートーク、物知りクイズ等が行われました。当館は、企画監修料を得て、標本資料の貸出と展示、ギャラリートーク等に共催の形で全面的に協力しました。展示では、見るだけでなく、触れる剥製、ツノ、頭骨標本等を用意しましたが、百貨店の催事場の一部がミニ博物館になったようで、イベントとしては成功したと思います。期間中（13日間）の入場者数は、8,289名でした。

　今後も、企業等のイベント支援を積極的に行い、博物館の中だけでなく社会の様々な場面で、人々の科学に対する興味関心、そして理解を深めていきたいと考えています。

「上野学のススメ」に取り組む

　シリーズ「上野学のススメ」を開始しました。第一回は5講座ですが、幸い300人を超える参加希望者があり、多くの方にお断りしたことを大変心苦しく思っています。また、この企画が朝日新聞の地方版にかなり大きく取り上げられ、広報の改善工夫を進めている中で大変励みになりました。

　近年、全国各地で、地域住民を主な担い手とし、地域をフィールドとして、地域を形成し、地域を取り巻く様々な事象を掘り下げていこうとする「〇〇学」という活動が盛んに行われています。いわゆる地域学です。

　当館では、メールマガジンの創刊以来、「上野散策」として上野地域を紹介し、また、平成16年には「上野の山」という6回の講座を行いました。そして、平成17年から、上野地域について、自然科学にとどまらず歴史、文化、産業等幅広く触れる大人の総合講座として、シリーズ「上野学のスス

メ」を開始したのです。年に2回程度、数年にわたる実施を考えており、講師には地元の方々に御協力いただくこととしています。

　地域学の目的や方法は多様ですが、地域の自然、生活等を探ることにより、地域の魅力や可能性を発見し、地域住民のコミュニケーションを育て、地域の活性化を図ることを狙いとするものが少なくありません。当館は、上野地域をもっと知ってもらいたい、そのために上野地域の様々な姿を集積してその実像に迫ろう、また、講座の内容や方法について地元の人達や諸機関、参加者等の御意見を伺いながら、できるものから実施していこうと考えています。講座の受講が個人の知識の習得に終わるのではなく、学びを通して人と人とがつながり、上野地域を知り大切にしていく活動へとつながっていくことを期待しています。そんな趣旨を込めて講座名を「上野学のススメ」としたのです。

　博物館の社会貢献活動として、上野地域の理解、できれば活性化にもつながれば幸いです。

上野ウォークから考える

　「上野学のススメ」が3年目にはいった平成19年から、その番外編として「上野ウォーク」を行っています。地域学ではフィールドワークも大事であることから、「上野学のススメ」でも上野ウォークを行うことにしたもので、大人の総合講座として上野学のススメは、座学5講座とウォークで構成されることになりました。座学への参加者のうち希望者がウォークに参加ができるようにしました。実際に見たり聞いたり触れたりするウォークを通して、上野という地域をより身近に感じてもらうとともに、上野が文化の発信地として大切なエリアであることを実感していただきたいと思います。

　上野地域には人々が訪れてみたい魅力的な文物が沢山あります。ウォークは、地域の自然、文化や歴史等を象徴する文物をこよなく愛し、精通した人に案内してもらい、参加者に本物の魅力を味わってもらうものです。ともすれば慌ただしい生活を送りがちな中で、ウォークを通して、すぐ近くにあ

る意外なものを発見し、驚き、堪能する、そんな一時が期待されます。

　それだけではありません。ウォークの対象となる文物の多くは、自然や文化財の保護等の観点から貴重なものであり、後世にしっかり継承すべきものです。ウォークに参加した人達には、できる限りそれらの文物を保存し活用することについて、そのバランスをとることの大切さを理解し、その活動に協力していただきたいと思います。

　近年、地域社会の活性化が重要な課題になっていますが、そのためには地域に暮らす人々の協同作業や相互扶助等が大事です。生活機能が強化されることが必要です。それを支えるのは、地域住民が自分の住む地域に対し愛情や誇りを持つことです。それらは、地域の自然や文化、歴史等を学び、知ることを通して骨格が形づくられます。子どもの頃から地域を愛する気持を育てていくことが大切であり、私達大人が自信をもって地域の姿や良さを子ども達に伝えていくことが求められます。

　歩いて楽しみながら上野地区を知ることになる上野ウォークは、それら諸々の一助となることも期待しています。当館の職員がウォークするコースを決定し、同一コースを２回、６０名程の参加者を御案内しています。

　当館は、また、上野公園を中心に上野地区に所在する歴史的な建築を専門家が実地に紹介するガイドツアーも行うこことしています。参加者は２０名程ですが、これを上野学のススメの番外編に組み入れることも考えられます。

「標本の世界」を展示する

　当館の標本室には約370万点の標本が保管されていますが、展示に使用されているのは、ほんの一部にすぎません（日本館2,900点、地球館12,000点）。ホームページでの公開も充実を図ってきてはいますが、やはりほんの一部です。一般の人々が標本室に保管されている大量の標本を見る機会はほとんどありません。また、研究者が何のために標本を収集し、どのような研究をしているかということも、あまり知られていません。そこで当館は、「標本の

世界」という企画展を開催し（平成 20 年 9 月〜11 月）、標本とは何か、標本を集めることによって何かわかるか、標本がどのように活用されているかを多くの人々に知っていただくことにしました（展示標本数 2,470 点）。このような展覧会は先例がないようですが、幸い多数の入場者があり、科博ならではの展示と評判をいただきました。

解説パネルにより展示の趣旨をご紹介します。

① 標本って何だろう－物を集めれば、それがすべて標本になるわけではありません。珍しい物や美しい物が標本となるわけでもありません。物が研究に役立つ標本になるためには、どこでいつ収集されたかという情報が必要です。正確な情報がわからなければ、物が標本になることはほとんどありません。

② 標本をどのように集めるか、作るか－動物、植物、菌類等を自然界から収集するためには様々な工夫が必要です。収集して生物を標本にするためには、消毒したり、乾燥させたり、薬品で処理します。標本はいつでも研究に使えるように、標本室の中に整理して保管されています。また、大量の標本の情報はデータベース化され、研究や普及活動に使われています。

③ 標本から何が分かるか－保管されている大量の標本を調べることによって、新種の生物や鉱物が発見されています。また、生物の進化や大地の変化の様相、さらに、科学技術がどのように発展してきたかが明らかになります。標本は研究の材料そのものです。また、過去から現在まで長年にわたって収集された標本を調べることにより、移入種を含む生物の分布がどのように移り変ったかを明らかにすることができます。

④ 博物館とは何か－全世界の自然や科学技術を一つの博物館のみで研究することはできません。世界各地の博物館の研究者は相互訪問したり、標本やデータをやりとりして研究を行っています。また、研究者以外の一般の人達とも協力して研究を進めています。博物館は研究ネットワークの拠点なのです。また、DNA バーコードプロジェクトや国際深海掘削プロジェクト等最新の科学研究に対応しながら、博物館は発展を続けています。

展覧会は、これらのことを具体的な標本によって示すものであり、広く人々の理解や協力を得るためにこの種の活動が行われることを期待してい

ます。

名物展示が訴えるもの

　当館の常設展示は、地球館のグランドオープン、日本館のリニューアルオープンにより平成19年4月に完成しました。この展示の一新により、地球館や日本館の展示コンセプトに合わない展示物や新たな研究成果等を踏まえて更新された展示物が相当数あります。また、それまでに更新された展示物もあります。当館は、これらの今は展示されなくなった資料も、学術的見地等から吟味し、人類共通の財産として保存し、次世代に継承していきます。特定の資料をその時点で価値が低くなったとして廃棄するような扱いはしないのです。

　これらのかつて展示されていた資料の中には、お客様がもう一度見たいという資料が少なくありません。当館は、その要望に応えて常設展示の完成を機に往時の展示物を、「あの頃は名物展示だった」として、順次公開していくことにしました。名物展示では、展示当時、学術的に貴重であった資料、社会的に話題になり、多くの人々の注目を集めた資料、あるいは先端的な技術や斬新な手法を用いて製作された資料（レプリカやジオラマ等）等を紹介します。展示当時の写真や掲載記事等往時を知ることができる資料があれば、併せて展示することにしています。

　名物展示は、年に1〜2回程度、各回の展示期間は1〜2ヶ月程度を予定しています。第一弾はアロサウルスを展示しました（平成19年12月〜平成20年2月）。

　名物展示は、単に評判の高かった展示物を再公開することにより、なつかしいから、まだ見たことがないから見てみようなど、誘客効果を期待するというだけのものではありません。人々が馴れ親しんできた資料が最新の研究によってどう評価されるのか、あるいは資料によって研究がどう進展したのかなど、資料とその後の研究との関係を具体的に示すことにしています。アロサウルスの展示では、当館のアロサウルスだけでなく、アロサウルス研

究130年の歴史と最新の学説等も紹介しました。当館のアロサウルスはしっぽを地面に引きずっていますが、その後の研究により、しっぽをまっすぐ後に伸ばして頭としっぽでバランスをとりながら歩いていたらしいことが明らかになったこともわかりました。

　このように名物展示では、資料の持つ意義を理解していただき、当館のナショナルコレクションの充実に向けた取り組みの重要性についての認識を深めていただければありがたいと考えています。

　なお、当館は、資料の意義等について多くの人々に直接知っていただくことに努めており、企画展「標本の世界」を平成20年9月から11月にかけて開催しました。

教育活動を体系化する

　博物館は、多様で多彩な教育活動を行っています。子どもを対象とする体験活動の提供が一番の特色といえます。観察、実験、工作等の体験により、知識は生きた知識となり、応用へとつながっていきます。驚き、感動等を実感し、科学的思考を育てる教育効果も大きいのです。

　ただ、これまでの教育活動は、単発的であり、しかも、博物館に固有の展示を必ずしもよく活用したものとはいえません。学校では学習指導要領に基づく教育活動が展開されており、主として既習の知識・技能を基盤に新たな教育内容を積み上げていく系統的な教育活動が一斉に行われるのが一般的です。これに対し、博物館では、人々の好奇心を軸に、自分の知識・技能を基礎に自ら学習に取り組むかどうかを選択できます。博物館における教育は、生涯学習の観点から、個人の探究心に基づき、到達目標を一つに限定しない自主的な学習を支援するところに特徴があるのです。このような学習の動機や到達目標の自発性・自主性が強調されるために、博物館の教育は、ややもすると意図的な教育が看過される傾向にあり、教育の成果やプロセスについて十分な検証が行われず、また、単発的な活動になりがちです。博物館の人的物的知的資源をもっと活かした博物館でなければできないような教育活

が望まれます。

　また、博物館は、個人学習の場であるとともに、学校団体を受け入れたり、地域の青少年グループを指導したりする場でもあります。特に、学校との連携は重要で、学校は博物館に対し、教育課程に沿った体験学習の提供を求めています。博物館は、個人の自主的な学習と集団の一斉学習を可能とする対応を必要とします。

　このような認識の下、博物館が知識基盤社会において教育基盤の重要な一部を成し、学習について社会的要請と個人的要求を調和的に行う教育活動を実現するためには、教育活動を一つの目標に向かって連続的に行うことを目指す博物館独自の教育体系を確立することが重要になります。このことが、博物館の特色をよく活かすことになると思うのです。具体的には、

　第一に、学校の教育課程に対応した教育体系を提案し、実現することです。理科等の学習指導要領に対応し、授業で使用可能な体験学習プログラムを開発し、体系化することです。

　第二に、生涯学習の観点に立って、各ライフステージに応じた科学リテラシーを涵養する教育プログラムを開発し、体系化することです。現代的課題に関連するテーマを選び、テーマごとに実生活に関連づけて開発・体系化することが望まれます。

　これらに象徴される体系的なプログラムの開発に当たっては、展示を有効に活用することが基本です。博物館における教育は、感動から知識へを基本とするものであり、実物に基づく視聴覚的教育ともいわれるように、感性と理性を統合し、具体的な資料と抽象的な概念を相互に関連づけて行うことにその意義があります。そのために展示ほど貴重なものはありません。展示と来館者をつなぐ教育方法、教育内容、教材、それらを統合したプログラムの開発と体系化が、教育活動における重要な課題です。

科学リテラシーは豊かに生きる社会のために

　科学リテラシーという言葉が広く使われるようになりました。リテラシー

は、英語の literacy のことで、もともとは「読み書き能力」という意味ですが、最近は「あるものを理解し、正しく使いこなすために身につけておくべき知識、教養、能力」というような意味合いで、頭に科学、英語等の言葉をつけて用いられる場合が多いようです。そこで、科学リテラシーですが、一般的には、すべての人々に身につけてほしい科学、数学、技術に関係した知識、技能、物の見方をいいます。

科学が経済、社会を動かす重要な要因となり、人々は科学の在り方について適切に判断できることを必要とされる中で、一人一人が科学リテラシーを持つことを求められています。他方、科学活動に携わる人々は、科学が人々のためにあることを踏まえて、その活動に理解と共感を得ることが大切であり、そのためには一般の人々が科学リテラシーを有することが前提になります。このように、科学リテラシーがあって人々は、自然界や人間社会の変化に適切に対応し、合理的な判断と行動ができます。そして、個人と社会の関係においても地球的規模においても、豊かに生きることができる社会を実現することが可能となります。

それにもかかわらず、我が国の成人の科学への関心や理解度は国際的にみて低い状況にあります。このことを踏まえて人々の科学リテラシーを高めるための対応が求められています。そのためには、関連諸施設が連携協力し、社会や人生の様々な場面で必要な科学リテラシーを涵養し続けることができる、継続的な学習環境が整備されることが大切です。

生涯学習社会において博物館は、幼児から高齢者まで各ライフステージに応じて教育活動を展開し、環境教育、科学理解増進活動等社会の要請が強い活動にも積極的に取り組んでいます。このような実績を踏まえ、当館は、学校教育を踏まえつつ、国内外の科学リテラシーに関する知見を統合し、生涯学習の観点から、子どもも大人も対象に広く人々の科学リテラシーを涵養する教育体系を構築することとしています。そのため、各世代に応じた教育プログラムを開発しますが、その際、他の博物館等の協力の下に開発、実践、評価、改善のプロセスを通して、世代間の連続性をもった教育プログラムの体系化を図りたいと考えています。

科学リテラシーが人々の間に定着するには国民的運動ともいうべき広範

な取組みが必要です。当館は、生涯学習の観点に立って、その一翼を担いたいと思います。

科学リテラシー涵養活動を創る

当館は、科学への興味関心を引き出し、その素養を伸ばし、それを持続、発展させる場として、生涯学習の観点から、広く人々の科学リテラシーを涵養する教育体系を構築することにしています。

科学リテラシーは、すべての人々が身につけてほしい科学、数学、技術に関係した知識、技能、物の見方です。このような総合的な資質能力である科学リテラシーを涵養するための活動を「科学リテラシー涵養活動」とし、当館の教育活動の主要な柱にします。

科学リテラシー涵養活動では、その目標を感性の育成、知識の習得・概念の理解、科学的な見方・考え方（スキル、実践力、科学的な態度、判断力、創造性）の育成、社会の状況に適切に対応する能力（表現力、コミュニケーション能力、活用能力）の育成の４つに分類し、各目標を実現する活動を用意します。その活動は、人々のライフステージにおいて興味関心、知識、理解力、課題、社会的役割等が異なることから、ライフステージを幼児・小学校低学年期、小学校高学年・中学校期、高等学校・高等教育期、子育て期・壮年期、熟年期・老年期の５段階に分類し、各ライフステージに応じた活動を用意します。

このように当館は、社会や人生の様々な場面で必要とされる科学リテラシーを涵養し続けるとの観点に立って、科学リテラシー涵養活動として、各目標ごとに各ライフステージに応じた中核的な教育プログラムを開発し、体系化します。その場合、いずれの目標に重点を置くかはライフステージによって異なりますし、具体の教育プログラムが複数の目標を実現するものである場合もあります。

科学リテラシー涵養活動は、科学リテラシーが諸事象に対応できる総合的な資質能力であることから、教育プログラムは自然界や人間社会において

実生活に関わる課題に関連して展開されることが適当です。そのため、多様化する科学の領域や他の学問領域との関係等を広く考慮し、取り入れることが必要です。

　また、科学リテラシーは、すべての人々が身につけてほしい資質能力ですから、各人がその成果を実感でき、社会がその成長を支援できるような活動であることが望まれます。このことを考慮し、教育プログラムは、食、水、エネルギー、防災等の実生活に関連する具体的なテーマを選んで、各テーマごとに開発することが適当です。その際、展示や資料に結びつけた体験活動として作成することを考えています。

　このようにして開発される各ライフステージに応じた教育プログラムは、科学リテラシー涵養活動の中核となる、いわば結節点です。科学リテラシーの涵養のためには、各ライフステージの結節点をつなぐ、いわば線になるいくつかの活動が必要です。この活動は、結節点間の連続性を確保しつつ次第に科学リテラシーを向上させていく観点から考えなければなりません。中核となる教育プログラムは、食、水等のテーマごとに作成されますが、結節点をつなぐ活動は、原則としてすべてのテーマに共通する活動として、様々な分野を網羅する活動によって形成することが適当です。そのため、既存の教育活動をこの観点から整理し、必要に応じて新たな活動を加えながら、科学リテラシーの涵養にふさわしい厚みと深さを持たせることが肝要です。当館は、このような考えに立ち、食、水、エネルギー、防災等をテーマに、各ライフステージに応じた中核的な教育プログラムとそれをつなぐ活動を開発・体系化し、「科学リテラシー涵養活動」を創っていきます。

サイエンスコミュニケータを養成する

　サイエンスコミュニケータの大学での養成が始まりました。当館も平成18年度から、自然史、科学技術史に関する中核的な研究機関と主導的な博物館としての役割を持つ館としての特色を活かし、「サイエンスコミュニケータ養成実践講座」を開始しました。

これからの社会は、対話型科学技術社会であり、科学技術と社会の双方向的な交流により、科学技術が文化として社会に根付くことが望まれます。そのためには、科学技術と社会との関わりを見つめ、科学技術について一般の人々に分かり易い形で情報提供するとともに、一般の人々の見方や考え方、問題意識等を科学技術に携わる人々に伝えることができる人材が必要です。この科学技術と社会の架け橋となる人材をサイエンスコミュニケータといいます。図式的に分かり易く言えば、自分の専門の科学技術を一般の人々に伝えるコミュニケーション能力を持つだけでなく、自分とは分野の異なる科学技術の専門家と一般の人々の立場を俯瞰して両者をつなぐコーディネート能力が求められます。

　当館の講座は、2科目（各4単位相当）で構成され、サイエンスコミュニケーション1(SC1)では主としてコミュニケーション能力、サイエンスコミュニケーション2(SC2)では主としてコーディネート能力を育成します。SC2の修了者には、「国立科学博物館認定サイエンスコミュニケータ」に認定します。

　当館の研究者は、資料を介して調査研究活動と展示・教育活動を統合的に行っています。講座では、その豊富な経験を生かし、良質な資料や多彩な展示・教育活動、多様な来館者等を有効に活用します。サイエンスコミュニケータとしての能力を育成するという観点からは、指導者と受講者の専門性の一致や近似性を考える必要はありません。専門分野が異なっても、その取り組み方や考え方には共通するものがあり、科学技術を伝えるというプロセスに共通性があるからです。博物館の特色を活かし、博物館ならではの理論と実践の対話型カリキュラムを編成し、科学技術と人々をつなぐ意義、意欲、知識、技術を総合した「つながる知」の創造を目指しています。

　サイエンスコミュニケータが職業として成り立つかどうかは、今後に待たなければなりません。ただ、大学や研究所、あるいは企業等において、少なくともコミュニケーション能力がこれまで以上に重要になることは、人々と共にある科学技術を目指す限りいうまでもありません。科学者、技術者一人一人にこのことについての強い自覚と責任感が求められると思います。

サイエンスコミュニケータ養成を充実する

　当館のサイエンスコミュニケータ養成実践講座は、３年目を迎えました（平成２０年）。当館がこの講座を行うのは、展示をはじめ多様な資料があり、子どもから大人まで不特定多数の利用者がいつもいるという博物館の特色を活かし、実際のサイエンスコミュニケーションが行われる場での実践を繰り返しながら、サイエンスコミュニケーション能力(SC1)やコーディネート能力(SC2)を育成できるからです。大学においてサイエンスコミュニケータを養成している例はありますが、博物館がその特性を踏まえて理論と実践の対話型カリキュラムにより養成している例は少なく、外国からも先導的な試みとして注目されています。

　平成１８、１９年度の講座終了後に行った受講者のアンケート結果では、講師の指導や話し方、担当者のホスピタリティ、目的の達成度等、講座全体に対して高い評価を得ています。特に展示活動におけるサイエンスコミュニケーションを通じて、専門性を分かり易く伝えるだけでなく、資料の裏に隠されたメッセージを理解し、ストーリー性をもって魅力的に伝えることの重要性を知ったなどの評価は、このことがすべてのコミュニケーションにおいて大事であることを考えると、博物館の講座ならではの成果といえるかと思います。

　講座の活動の一環として、平成１９年２月に国際シンポジウム「Museum Communication 連携・協働する博物館」を開催して議論を深め、同年６月のアジア太平洋科学館会議（ASPAC）において報告するなど、国際的な対応を進める一方、同年５月にフォーラム「サイエンスコミュニケーションを語り合う」を開催するなど、国内での普及を図っています。

　平成２０年度の講座では、これまでのアンケート結果等を踏まえて必要な改善を行いました。例えば、受講者の課題意識を高め、理論と実践の結びつきを強めるため、実践的な課題研究を早めに設けたり、SC2では、学生生活との両立を図るため週２回・３ヶ月かけて実施するなどしました。

　SC1修了者やSC2修了者(国立科学博物館認定サイエンスコミュニケータ)の中には、科学館等に就職したり、自主的にあるいは当館と連携して人々に

科学を伝える活動をしている人が少なくありません。本講座は、サイエンスコミュニケーションが一部の人達に留まらず社会的拡がりを持つようにするため、このような意欲的な活動ができる人材の養成を目指しています。更に充実したプログラムを作っていきます。

アフタースクールプログラムとして展示を制作

　博物館の来館者は、中高校生が最も少なく、当館の場合9％程度にとどまります。中高校生は、学業が忙しいし、興味関心も多様化するなどのためと言われています。ただ、この現象は、理科又は科学技術に対する興味又は関心が小学5年生をピークに低下し続け、高校1年生で最低レベルになり、ほぼそのまま30歳代まで推移し、40歳代になってやや回復する傾向にあるのと裏腹の関係にあるように思われます。学年や学校段階が上がるに伴い理科に対する興味が低下するのは、学習内容が次第に抽象的になり難しくなることなどの理由が考えられます。博物館の場合、展示は、子どもから大人まで年齢に応じた見方ができるようにしていますが、ややもすると一度見るともう済んだという気持ちになりがちです。また、日常的に行われる教育活動は、多くは小学生向けであり、これらのことが中高校生を博物館から遠ざける要因の一つとも考えられます。

　博物館は、中高校生にもっと来館してもらう取組みに力を入れる必要があります。そのためもあり当館は、「中高校生・アフタースクールプログラム」を実施することにしました。このプログラムは、博物館において、土日曜日、休業期間等に講義、実習、現地見学、議論、プレゼンテーション等の多様な学習手法を組み合わせた継続的な学習プログラムです。

　平成20年度は、展示を制作しました。「水」をテーマとし、探究活動を行い、その成果を踏まえて展示を作るのですが、20名の中高校生が水の何を展示するかで班を作り（4班）、7月から10月までの夏休み、日曜日を中心に14日間行動を行いました。その成果は、10月から12月にかけて館内に展示し、5回にわたり来館者に対し解説（ギャラリートーク）を行い

ました。展示メッセージ、展示づくりの工夫、ギャラリートークの３つの視点からのアンケート調査を行いましたが、全体として高い評価でした。

　このプログラムのポイントは、実際の展示作業を通して何をどう展示するかを自分で考え、決定するかを学ぶことです。中高校生が、大学生（日大芸術学部）の支援を受けながら、多数の資料の中から展示物をどう選ぶのか、どういうふうに見せるのかなどを経験しながら、博物館の展示やこれに携わる人達への理解を深めることも期待されます。また、ギャラリートークでは、分かり易く、しかも人の関心をひく話し方の難しさや大切さを実感できると思います。

　このようにこのプログラムは、中高校生の来館を促す以上の意味を持っていますが、博物館にとっては、さらに、中高校生が何を考えているのか、何を求めているのかなどを、彼等の実践の中から直接知ることができるという大きなメリットがあります。中高校生の声を聞き、思いを知ることは、中高校生の博物館利用を促す事業を問い直すいい機会です。アフタースクールプログラムの内容を平成２１年度以降どうするかの検討材料にもなります。さらに博物館活動全体の参考にしていくことも、理科離れ、科学離れへの対応等を考える上で効果があると思います。

親子のものづくりを重視する

　大学生を対象とする「進路選択に関する振返り調査」（平成１８年１月公表）によれば、小・中学生までの段階で、半数近くが文系・理系を意識し、高校１年生まで含めると、約８割近くが意識し終えています。また、小・中学校時代の体験で理系学生が文系学生より多いものは、保護者との関わりでは「一緒に家の修理や日曜大工などの作業をすること」です。このことは、小・中学校時代に保護者とともにものづくり等の活動をすることが、子どもが理系を選択することに影響を与えている可能性をあるいは示しているのかもしれません。

　当館の来館者には親子連れが多く、親子の対話や共通の体験等を通じて

楽しい思い出も作られ、科学への興味関心が生まれ育つ効果もあります。

　これらを踏まえて当館は、親子で一緒に行う活動に取り組んできました。平成１９年１０月には、NHKと共催で「親子で楽しむものづくりに挑戦！」を実施しました。当館は、「バック・トゥ・ザ・真空管（チューブ）」として、２日間かけて真空管アンプを製作し、発表会でその出来映えを競うコンテストも行いました。小学校５年生から中学生までの子どもとその保護者１６グループの参加がありました。一方NHKは、「親子ラジオ工作教室」として、ゲルマニウムのラジオ工作を行いました。所要時間は約１時間、２日間で８回実施し、各回とも小・中学生とその保護者合計６４組の参加でした。この事業は、当館とNHKの２本立てのイベントでしたが、それぞれ好評で継続実施の要望が強かったといえます。今後とも「親子」、「ものづくり」をコンセプトとする事業を充実していきたいと思います。その際、親子が共同で行うものづくりの内容の面白さ、難易度の手頃感、経費の安さ等ある程度の人数が気軽に参加できるようにすることが大切です。

　また、平成２１年１月には、新エネルギー・産業技術総合開発機構（NEDO）と共催で「親子で学ぼう！地球温暖化と太陽エネルギー」を実施しました。この事業では、子ども向けにはソーラーカーの製作を行い、保護者向けには講演（紫外線と皮膚の科学）を行いました。親子で学べる機会を提供することで、家庭内における環境意識を醸成するきっかけとするイベントです。

　なお、当館は、親と子の共同作業だけでなく、異なる世代をつなぎ協働するものづくりも大切だと考えています。例えば団塊の世代のものづくりに取り組んだ心と技等の経験知を、子ども達との協同作業を通じて伝えていくような事業を実施できないものかと考えています。

女性研究者の増加のために

　我が国の女性研究者の数、比率は、少しずつ増加していますが、欧米に比べ著しく低く、まだ１割台です。これを左右する大学、大学院の学生の状況をみると、特に理工系における女子の割合が極めて低く、工学系は１割台

です。出産や育児、昇進や処遇等の受入れ態勢を整え、女性の研究の機会を妨げないようにするとともに、理工系の女子学生の増加を図ることが重要な課題です。

　国レベルでは、期待される女性研究者の採用目標を自然科学全体で 25％としており（第 3 期科学技術基本計画）、女性の理工系への進学、就職を積極的に支援しています。

　理工系女子学生の増加のためには、小・中・高等学校や家庭における教育の中で、理数系科目に興味を持ちこれが持続するようにすることがまず基本です。大学においても、近年積極的に行われるようになりましたが、女性研究者によるセミナー等を行ったり、女子大学院生を学校へ派遣したりするなど、科学の魅力を伝え、研究者の世界を知ってもらうなどの取組みを行うことが大切です。また、理工系で身に付く資質能力や資格等が継続的に仕事をする上でどう役立つかなどについて理解を深めることです。

　なお、ＰＩＳＡ 2006 では、女子生徒（15 歳）の数学的リテラシーの低下が著しく、また男女差も大きく、その底上げは極めて重要です。

　当館では、女子生徒等を支援する事業として、日本ロレアル株式会社と共催で高校生、大学生を対象にトークライブ等を行ったり（平成 19 年 3 月）、山梨大学と共催で中高校生に対してナイトミュージアムを行う（同年 12 月）などしました。これらの事業では、当館の特色である展示や標本資料を用いることにより知的好奇心が刺激され、また、理系の仕事に対する漠然としたイメージがより具体的になるなどの効果があったとされています。

　当館には、展示や標本資料とともに、学校と連携して事業を行える強みがあります。これを活かし、科学への興味が薄い中高校生の関心を喚起し、科学に興味がある中高校生に関心を深めさせるような事業を考えています。サイエンスカフェ等女性研究者の実像を知る活動、映画とトークショー等科学の楽しさ、不思議さを感じる活動等です。学校との連携は課題として残りましたが、このような事業を文部科学省の女子中高校生の理系進路選択支援事業として平成 20 年度に実施しました（「ルーシーと楽しむカガクの時間＠サイエンスミュージアム」）。

　また、「なでしこたちの挑戦」として、明治から昭和にかけて活躍した 6

人の先駆的な女性科学者技術者の人物像、業績等を紹介する企画展（平成20年3～5月）を実施するなど、引き続き女性研究者の充実のための取組みを行っていきます。

博物館実習の質を高める

　学芸員の資格の取得には、博物館における博物館実習の単位を修得することが必要であり、当館は、毎年度120名程の実習生を受け入れています。

　博物館実習は、体験を通して博物館業務を理解する大切なものですが、かねてから、理論と実践が結びついた教育内容として一定の水準を確保することが困難であるとの指摘があり、学生は博物館業務の基本的な知識・実践技術を十分身につけていないとの評価を受けています。各大学の養成内容に差異があり、博物館における運営体制が区々であることなどもその原因であり、博物館実習の充実のためには、大学と博物館が緊密に連携協力し、教育内容を充実強化することが必要です。

　ところで、当館は、科博・大学パートナーシップ制度を運用し、学生の無料入館だけでなく、教育活動を含む包括的な連携協力を行っています。博物館実習もその一環に位置付けており、当館と大学が協同で、博物館実習の質を高めるモデル的な事業として実施しています。

　具体的には、博物館実習をより専門的な指導に重点化する観点からA、Bの2コースに分けています。Aコースは、研究活動を行う上で必要な資質の養成のため、資料の収集・保管や調査研究の体験に重点を置いた実習であり、理系を対象とするものです。Bコースは、教育活動を担う上で必要な資質の養成のため、展示を活用した教育プログラムの企画開発の体験に重点を置いた実習であり、理系・文系を問いません。実習期間は、自主研修日を含め共に11日間、実習生ごとに指導担当者を決めています。これにより、博物館実習3単位のうちの1単位の修得が可能です（1単位は事前・事後の指導）。なお、対象とする学生は、Aコースはパートナーシップ大学の学生に限っており、Bコースも希望者多数のため事実上パートナーシップ大学の学生が中

心になっています。

　このようなコース別の博物館実習は、平成18年度から実施しています。これに伴い、受入人数が減り、パートナーシップ大学の学生に事実上限られることになりましたが、学生の知識、意識にばらつきがあり、しかも短い期間で成果を挙げるプログラムを作り上げていくためには、パートナーシップ大学と協力して検討を進めることが実際的です。例えば、Aコースは研究体験の持ち方、Bコースは実務体験のやり方、A、Bコースともにサイエンスコミュニケーションの経験のさせ方等についての工夫です。また、利用者の立場に立った博物館に求めるものや活用の仕方等についても指導が必要であり、毎年改善を加えていきたいと思います。

小学校教員になる人のために

　知識基盤社会における教育では、子どもに総合的な科学的素養を習得させることができる教員が不可欠です。特に小学校教育は、子どもの知的活動の入口を担うことから、科学的な概念の理解等基礎的・基本的な知識・技能の確実な定着を図ることが重要であり、科学に親しみ学ぶことができる状況を提供することを必要とします。

　ところで、文部科学省が平成16年1月～2月に行った「平成15年度小・中学校教育課程実施状況調査」によると、各学年とも、理科は他の教科に比べると、勉強が好きという子どもの割合は高いのに、勉強が大切と思う子どもの割合は低くなっています。理科を学ぶことに意味があると思っている子どもが少ないことは問題で、教員には、科学的知識を統合し、生活と科学を関連付けてわかり易く教えることなどが求められます。

　しかしながら、経済産業省が平成17年度に行った「進路選択に関する振返り調査」によると、小・中学校教員を希望する学生は、全体との比較において物理・化学を好きとする者の割合が低く、生物を好きとする者の割合が高いこと、また、物理の未履修の割合が6割を超えています。しかも、小学校1種免許状の取得において、教科専門科目としての理科は必須ではありま

せん。

　このようなことから、教員養成大学・学部が種々工夫しているとはいえ、全教科担任制をとる小学校では、理科の各分野を万遍なく学んだとはいえない、しかも、理科が好きとはいえない教員が、理科を指導することが少なくありません。科学技術振興機構（JST）と国立教育政策研究所が行った「平成２０年度小学校理科教育実態調査」によると、理科を教える教員の約５割は、理科の指導を苦手、やや苦手と感じ、約７割が理科の指導法についての知識・技能が低い、やや低いと感じています。実験、観察等体験的活動が重視され、その指導には、高度な知識、技能を必要とするにもかかわらず、このような状況では、子ども達の理科に対する肯定的な感情を十分に育てることができず、また、学習の進度や難易度が高まるにつれて、子ども達に苦手意識を持たせることになりがちです。

　しかも、Benesse教育研究開発センターの「第４回学習指導基本調査報告書」（平成19年8～9月実施）によると、理科の指導に対する自信は、他の教科に比べ、教職経験年数に比例して高まるということは言えず、理科は、苦手意識を持ち易い、得意になりにくい教科のようです。

　これらのことを総合的に考え、当館は、小学校教員を希望する学生で理科を専門教科としない者に対し、科学リテラシーを涵養し、子どもの理科教育に役立つ科学体験学習プログラムを開発し、提供することにしました。前記実態調査で、理科を教える教員の８割以上（そう思う４割、ややそう思う４割５分）が、理科の指導法についての知識・技能を大学時代にもっと学んでおいた方がよかったとしていることを踏まえたもので、教員養成課程の学生が理科の授業で活用できる総合的なスキルを身につけ、自信をもって教壇に立てるようにするものです。大学における教員養成とあいまって、小学校教員を目指す学生、特に教員に採用内定した学生に利用していただきたいと考えています。

　平成２０年度は、２０名程度を対象に、１２月１３日から２７日までの土日曜日等に８日間行い、教材の探し方・選び方、天体観測、実験・観察の基礎、模擬授業等を展開しました。

教員養成支援講座を開発する

　国立科学博物館では、今年度小学校教員課程の学生に対する教員養成支援講座の開発を行っています。
　複数の調査によれば、小学校の先生の多くが理学系出身の学生ではなく、いわゆる文系の学生が多いことが指摘されています。文系の学生の場合、理科の実験の経験が中学校段階での経験にとどまっている者も少なくありません。小学校教員養成課程では最低限の科目として理科指導法（2単位）のみの履修で済むようです。このような背景のもと国立科学博物館では大学における理科教育を補完し、教員養成課程の学生が理科の授業で自信を持って教壇に立てるようにとの考え方からこの講座を実施しました。今回の対象は、大学で理科を専攻していない学生で、次年度教員に内定した人15名を対象に実施しました。
　今回の講座で育てたい小学校教員のイメージとして、①自信を持って、子どもたちに理科の指導ができる人、②自然界の不思議さに気づき、その感動を子どもたちに伝えられる人、③自然や社会に対し興味・関心を示し、継続的に自ら学ぶことができる人、の3つを考えました。
　そのため、参加した学生が、①酵母を用いた条件制御、ヨウ素でんぷん反応実験を応用した対照実験や指示薬作りと身近な水溶液の分析実験を重点的に行うとともに、簡単でありながらも実生活に通じる高度な有機化学合成を体験し、基礎的な理科の知識と実験技能を身につけること、②学校で通常用いる用具に加えて大型望遠鏡で天文現象の美しさや不思議さを実感できる体験的な活動を行い、講座での体験的学習に基づき模擬授業に挑戦することで、表現し伝える能力に自信を持つこと、③博物館の活動を深く理解することを通じて、自然や社会に対する興味関心を示し、継続的に自ら学び、博物館等の外部の学習資源を活用する能力を身につけること等を目指し、8日間21コマの講座を受講しました。
　実際の講座にあたっては上記3つの要素を効果的に配列して行いました。最初は新学習指導要領と博物館の活用に関する講義を受け、授業で利用する視点をもった上で実際に博物館を見学し、その活用法について理解を深めま

した。次に天体観察で実際の星空を見ることで大きさや美しさを体験しました。条件整理や仮説を立てて検証していく過程を含めて実験を行い、保護眼鏡などの安全に関わる事項や実験の基本的な技能と基礎的な知識を身につけました。最後に模擬授業を博物館内で一般公開し、実施日が重なった「教員のための博物館の日2008」のために来館していた現役の先生方に見ていただきました。

　参加した学生たちは不安を抱えながらも、成長していく姿が見られました。最後のまとめにおいても自らの成長を確認するとともに、ほかの学生の成長を共有することができたようです。事後の学生からのアンケートは、皆それぞれに何らかの向上を示していましたが、「早く教壇に立ちたい」との意見が印象的でした。学生にとって子どもたちの成長を実感し、共有することこそが教育の原点であると感じた１週間だったのではないでしょうか。

教員免許状更新講習を行う

　教員免許状更新制（以下「更新制」という）は、普通免許状と特別免許状に１０年間の有効期限が定められ、その満了の際、その免許状を有する者の申請により免許管理者が有効期限を更新することができる制度です。免許状の更新は、免許状更新講習（以下「講習」という）の課程の修了者である場合、講習を受ける必要がないものとして免許管理者が認めた者である場合に行うものとされています。

　更新制の施行は平成２１年度４月１日ですが、その導入以前に取得された免許状の所持者についても、１０年ごとに講習の受講が義務づけられています。毎年の受講対象者は、その数をある程度一定に保つ観点からおおむね３５歳、４５歳、５５歳の年齢層とされています。

　更新制は、時代の進展に応じてその時々で求められる教員として最低限必要な資質能力が確実に保持されるよう、定期的に知識・技能のリニューアルを図るものです。そこで、講習は、教員の職務の遂行に必要な内容を３０時間行うこととされ、①教育の最新事情に関する事項が１２時間以上、②教

科指導、生徒指導その他教育内容の充実に関する事項が１８時間以上とされています。①は、全教員が必ず受講すべきで事項で、具体的には「教職についての省察」、「子どもの変化についての理解」、「教育政策の動向についての理解」、「学校の内外での連携協力についての理解」であり、②は、全般的に共通の課程ではあるものの、学校種、教科種により具体的なニーズの異なる幼児・児童・生徒に対する指導力に係る各論的な内容が中心です。

　講習の開設者は、大学の他に都道府県・指定都市・中核市の教育センター、文部科学大臣が指定する独立行政法人等です。これは、受講対象者が最低限の知識・技能を有していることを前提に、古くなったもの、１０年前にはあまり取り扱われていなかったものを修得し直すものであることから、多様で優れた講習の機会を広く確保するためです。どの講習を選ぶかは、教員の自由です。

　平成２０年度は、特筆すべき取り組みを促進し、その成果を全国に普及する目的で講習のプログラムの開発、試行が行われました（予備講習）。当館も、教育内容の充実に関する事項のうち、「6時間単位の講習を2科目（「最新自然科学研究入門」、「博物館活用法」）を開設し、次年度以降の講座の実施に向けて準備を整えたところです。いずれの講座も、講義・実習形式による当館ならではの先進的なものと思います。なお、平成 21 年度は講習の時間数を 18 時間にする予定です。

「教員のための博物館の日」を試みる

　当館では、平成 20 年 12 月 26 日に「教員のための博物館の日 2008」を開催しました。

　平成 20 年度の中学校理科教育実態調査（国立教育政策研究所、科学技術振興機構）によれば、博物館等で理科について学習する機会を年に 1 回以上行っている学校の割合は 2 割以下でした。また教員が研修や研究として博物館等の情報を利用している割合は、「とても利用する」が約 5％、「ある程度利用する」が約 32％でした。このように博物館の利用は、学校の授業とし

てまた教員個人の活用においても、低い割合であることがわかります。

　すべての子ども達に科学の不思議さ、楽しさ、学ぶ喜びを体験してもらうためには、子ども達の教育を直接担っている教員自身が、日頃から自発的に科学を楽しみ、科学に親しむことが大切です。そのため当館は、企業等様々な機関と連携・協働し、教員自身が自発的に博物館を楽しみ、博物館を活用した「体験的な活動」について理解を深める機会として、「教員のための博物館の日」を試行しました。教員にとって博物館を身近なものとし、博物館への理解を促す取り組みです。

　当館では従来から子ども達の科学に対する理解と興味関心を高めるため、高校生以下の子どもは入館料無料にしています。本事業では、この日に限って教員が無料で入館し、様々な体験的なプログラムに参加できるようにしました。具体的には、「常設展の自由見学」、常設展の展示解説が聞くことができる「PDA音声ガイドの無料貸与」「博物館との遠隔授業体験」「教員向けスペシャルガイドツアー」「小学校教員養成課程の大学生による模擬授業」等を用意しました。当日200人以上の先生方に参加していただきました。

　「博物館との遠隔授業体験」では、当館と北海道の旭山動物園や九州のマリンワールド海の中道海洋生態科学館をインターネット回線等で結び、ペンギンやアザラシ等の生物を観察しながら、ICTを利用した授業の方法を紹介しました。当館をはじめ全国20の博物館が協働して開発した「科学的体験学習プログラム」の体験では、「火山をつくろう」等の新学習指導要領に関連する学習プログラムが体験でき、先生方の授業のヒントになったようです。「協賛企業コーナー」では実験等が行われ、多くの先生が足を止めていました。「教員向けスペシャルガイドツアー」では、かつて教員だったボランティア等が教員向けに展示の解説を行いました。「小学校教員養成課程の大学生による模擬授業」では、当館で講習を受けた来年度教員になる学生の模擬授業を行いました。見学した先生方は後輩たちに対し温かい目で見守っていたようです。

　今回、本事業は株式会社ベネッセコーポレーションにその趣旨をご理解いただき、特別協賛を受けて実施しました。独立行政法人である当館には運営の効率化が求められており、企業等との連携協働はこの点からも大切です。

また地方の博物館では運営資金が厳しい状況にあります。本事業のような取り組みを博物館と企業連携等の一つとして、各地の博物館で展開できることを願っております。

○本書の出版に協力いただいた方々（国立科学博物館）

- 前田 克彦　　　　　　　　展示・学習部長
- 井上 透　　　　　　　広報・サービス部参与
- 石川 昇　　　　　　　　　　広報課長
- 小川 義和　　　　　　　　　学習課長
- 亀井 修　　ボランティア活動・人材育成推進室長

《著者紹介》
佐々木 正峰（ささき・まさみね）
独立行政法人　国立科学博物館長

昭和43年	文部省入省
平成　4年	文部省大臣官房会計課長
平成　6年	文部省高等教育局私学部長
平成　8年	文部省体育局長
平成　9年	文部省高等教育局長
平成12年	文化庁長官
平成14年	国立科学博物館長

平成21年3月20日初版発行　　　　　　　　　　《検印省略》

博物館 これから
（はくぶつかん）

著　者	佐々木　正峰
発行者	宮田哲男
発行所	株式会社　雄山閣

〒102-0071　東京都千代田区富士見2-6-9
電話 03-3262-3231（代）　FAX 03-3262-6938
振替：00130-5-1685
http://www.yuzankaku.co.jp

印　刷	吉田製本工房
製　本	協栄製本

©2009　MASAMINE SASAKI　法律で定められた場合を除き、本書から無断のコピーを禁じます。
Printed in Japan
ISBN 978-4-639-02080-6　C1030